Jakob Vetter
Das heilige Blut

Jakob Vetter

Das heilige Blut

Brunnen Verlag · Basel und Gießen

Gestern gesagt – heute gefragt Nr. 2

17. neu bearbeitete Auflage
Umschlag: Klaus H. Wever

Druck: Zobrist & Hof AG, Pratteln

ISBN 3 7655 5902 4

Inhalt

Vorwort

Wenn ein Büchlein die 17. Auflage erlebt, wie dieses hier, dann muß etwas Besonderes an ihm sein. Deshalb fragen wir mit Recht: Worin besteht denn dieses Besondere? Ich will versuchen, es mit einem Satz zu sagen:

Das Besondere dieser Schrift besteht in der konzentrierten Bezeugung der zentralen Tatsache: Wir Menschen wurden von unserer großen Schuld, die uns von dem heiligen und gerechten Gott trennt, losgekauft durch das Blutopfer Jesu Christi.

Diese welt- und heilsgeschichtliche Tatsache immer wieder zu bezeugen und von verschiedenen Seiten zu beleuchten, ist das seelsorgerliche Anliegen, das sich durch sämtliche Seiten dieses Büchleins hindurchzieht.

Wer sich in der heutigen theologischen Situation auch nur ein wenig auskennt, weiß, wie heftig um Antwort auf die Frage gerungen wird: Wie erreichen wir in unserer Verkündigung den modernen Menschen mit seinen Schwierigkeiten, die biblische Botschaft zu verstehen? Dieses Büchlein gibt uns eine unmißverständlich klare Antwort: Nicht in den Konzessionen an unser heutiges Denken, sondern in der Konzentration auf das Eigentliche liegt das Geheimnis vollmächtiger Verkündigung. Wie aber könnten wir die Botschaft des Evangeliums besser zusammenfassen als mit der Aussage: «Das Blut Jesu Christi, des Sohnes Gottes, macht uns rein von aller Sünde» (1.Joh.1,7).

Wer eingesehen hat, daß der viel beschworene «mündige Mensch» im Grunde genommen der sündige Mensch ist, der weiß, warum die Bezeugung des Blutes Christi heute noch genauso verstanden wird wie eh und je. Nicht die Denknöte, sondern die Existenznöte bilden auch in unseren Tagen das eigentliche Problem. Die Antwort darauf ist das stellvertretend für uns vergossene Blut Jesu Christi. Es kann deshalb keine modernere, zeitgemäßere Verkündigung geben als die Verkündigung der rettenden Kraft des Blutopfers Christi. Das hat Jakob Vetter klar erkannt.

Wer war Jakob Vetter? Er war ein vollmächtiger Botschafter an Christi Statt. Hunderttausenden, ja Millionen hat er die lebenserneuernde Kraft des Opferblutes Jesu Christi bezeugt. Nach seiner Ausbildung im Missionsseminar St. Chrischona bei Basel und Jahren des Dienstes als Prediger gründete er 1902 die «Deutsche Zeltmission» und 1906 die «Schweizerische Zeltmission». Damit wurde er zum Bahnbrecher neuer evangelistischer Wege. Für menschliche Begriffe allzu früh, im Alter von nur 46 Jahren, holte ihn Gott 1918 als reife Garbe heim in seine weiten Scheunen.

Gott ist Zeuge, daß es mich in der Tiefe meines Herzens demütigt, als einer seiner Nachfolger im Werk der Deutschen Zeltmission stehen zu dürfen. Meine Passion ist keine andere als die meines begnadeten Vorgängers: den Menschen, die in unsere Zelte, in Stadthallen und Gotteshäuser kommen, zu bezeugen, was gestern, heute und morgen gilt:

«Christi Blut und Gerechtigkeit:
das ist mein Schmuck und Ehrenkleid;
damit will ich vor Gott bestehn,
wenn ich zum Himmel werd' eingehn.»

Dr. Gerhard Bergmann

Die Notwendigkeit des Blutes Christi

Ins Allerheiligste «aber ging nur der Hohepriester ... und das nicht ohne Blut, das er für die ... Sünden ... opferte» (Hebr. 9,7).

«Ihr wißt, daß ihr nicht mit vergänglichem Silber oder Gold erlöst seid aus eurem nichtigen Leben, ... sondern mit dem kostbaren Blut Christi, dem Blut eines unschuldigen und unbefleckten Lammes» (1. Petr.1,19).

Der moderne Mensch stößt sich an der Predigt von Christi Blut und Wunden. Er redet nicht gern von der «Blutstheologie». Die Lehre der Versöhnung erscheint ihm barbarisch und geht gegen sein ästhetisches Gefühl. Er meint, in ihr etwas von der dicken Finsternis des Mittelalters zu schmecken.

Der gläubige Christ aber freut sich an der Gnade, die ihm durch das Blut Jesu zuteil wurde. Unablässig lobt er seinen Gott für seinen Ratschluß, Sünder durch das Blut seines Sohnes selig zu machen. Er weiß aus Erfahrung: «Ohne Blutvergießen gibt es keine Vergebung!» (Hebr. 9,22)

1. *Das Blut des Lammes ist der Mittelpunkt des ganzen Christentums*

Nimm das Blut hinweg, und die christliche Religion hat weniger Wert als die Lehren eines Buddha, Mohammed oder Konfuzius. Verleugne die Kraft des Blutes – und du verleugnest die ganze Erlösung in Christus. Der rote Strom des Blutes durchzieht die ganze Bibel, vom 1. Buch Mose bis hin zur Offenbarung. Schon die ersten Menschen erkannten nach dem Sündenfall die Notwendigkeit eines Opfers, desgleichen auch die Glaubensväter des Alten Bundes. Durch das Blut an den Türpfosten wurde Israel in Ägypten vor dem Wüten des Würgeengels gerettet. Mit der leuchtenden Farbe des Blutes haben die heiligen Gottesmänner im Alten wie im Neuen Testament das Evangelium beschrieben. Die Botschaft vom Blut Christi gab den Märtyrern die Kraft, ihr Leben freudig in den Tod zu geben und durch ihr Leidenszeugnis die alte Welt aus den Angeln zu heben. Das Blut ist es, das die große Schar in weißen Kleidern durch viel Trübsal hindurch einmal vor den Thron Gottes bringen wird.

Wenn wir uns die verschiedenen Abschnitte der Heilsgeschichte vor Augen halten, so sehen wir, daß nichts ohne Blut und Opfer geschah. Die Notwendigkeit eines Erlösers wurde 4000 Jahre lang im Tone der Sehnsucht und nun schon seit fast 2000 Jahren mit Jubel verkündigt. Täglich preisen gerettete Sünder das Blut des Lammes als Grund ihrer Erlösung. Wie wird doch das Herz jedes kämpfenden Gotteskindes neu belebt durch die Hoffnung, nach allem Streit endlich die Siegeskrone empfangen zu dürfen, die Christus uns erworben hat durch sein Blut! Der Kranke und der Elende, der Schwermütige, der Angefochtene und von Satan Bedrängte, der Müde und der Sterbende – sie alle werden erquickt durch den Blick auf das Blut Christi. Wessen sollten sie sich sonst auch rühmen?

Der Apostel, der Glaubenskämpfer, der die Sünde, die Welt und den Teufel überwunden hat, der sterbende Schächer am Kreuz, der büßende Zöllner, sie alle haben Vergebung erlangt, Glauben gehalten und ihren Lauf vollendet in der Kraft des Blutes Jesu. Das Blut Jesu Christi ist das kostbarste und beste Kleinod, das Gott einer sterbenden Welt anvertraut hat. In der Tat: in dieser Welt läßt sich nichts finden, wovon zu allen Zeiten Herzen und Lippen mehr überströmten in Lobpreis und Anbetung als eben dieses Blut. Wer die Kraft dieses Blutes in seinem Leben erfahren hat, der kann nicht anders, als dem Herrn lobsingen und das geschlachtete Lamm preisen.

2. *So sicher wie der Thron Gottes über dem Weltall steht, so sicher ist die Tatsache, daß es keine Erlösung gibt ohne Blut*

Wie damals in Ägypten, so gilt auch noch heute: «Wo ich das Blut sehe, will ich an euch vorübergehen» (2. Mose 12,13). Ohne das Blut gibt es keine Sühne für unsere Sünden, keine

Vergebung unserer Schuld, keine Rechtfertigung, Heiligung und Erlösung. Ohne das Blut fehlt uns das Leben; denn nur «wer mein Blut trinkt, der hat das ewige Leben» (Joh. 6,54), spricht Christus. Ohne Blut gibt es keine Bewahrung und keinen Sieg über die Finsternismächte, kein Eingehen in das Heiligtum Gottes, kein königliches Priestertum und keine Krone des Lebens. Alle Gnaden Gottes haben ihre Quelle im Blut Jesu. Verachtest du das Blut, das auf Golgatha für dich floß, so tust du es auf die Gefahr hin, für ewig unerlöst zu bleiben.

Zweifelst du daran? Dann laß die Bibel zu dir reden. Wie ein purpurner Strom geht durch sie die eine große Lehre: ohne Blut kein Heil! Schon im Alten Bund wies das Schlachten von Millionen von Tieropfern hin auf das große, eigentliche Opfer, das uns mit Gott versöhnt. Die ersten Christen kannten nur einen Grund für ihre Erlösung: erkauft zu sein durch des Lammes Blut. Es ist deshalb eine traurige Gedankenlosigkeit, wenn moderne Theologen behaupten, die Bibel wisse nichts von einer «Blutstheologie».

Die Kirchenväter aller Zeiten rühmten das Blut Christi, das rein macht von aller Sünde. Frage Polykarp, Ignatius, Tertullian, Origenes, Augustin; gehe in die einsame Zelle eines Benedikt, Franziskus, Bernhard, Suso, Tauler – und du wirst feststellen: sie alle preisen das Blut Christi als einzigen Weg zur Seligkeit. Die große Erneuerung, die durch die Reformatoren Latimer, Knox, Luther, Zwingli, Calvin und anderer geschehen durfte, bestand darin, daß sie es wagten, den Menschen wieder die Gerechtigkeit durch den Glauben an das Blut Christi zu predigen. Sie verließen die Irrlehre, man könne sich das Heil durch gute Werke erwerben, und fanden Frieden durch die Erlösungstat Christi. Welch eine ungeheure Befreiung bewirkte doch diese Erkenntnis!

Es ist deshalb eitel Spiegelfechterei, wenn die Irrlehrer von heute das Blut Christi verhöhnen und sich dabei auf die Väter der Reformation berufen. Solche Leute haben die Reformation gründlich mißverstanden, und ihre Lehren sind von denen eines Luther oder Calvin so verschieden wie der Tod vom Leben. Sie haben das echte Leben gegen bloße Religiosität eingetauscht. Die Reformatoren verkündigten, daß uns das neue Leben allein durch das Blut des Sohnes Gottes zuteil wird. Wir dürfen uns hier durch philosophische Gedankengebäude nicht blenden lassen, und seien sie noch so faszinierend und überzeugend!

Die Väter des Methodismus und des Pietismus wußten nur von einem Erlösungsweg. Wesley, Whitefield, Spener, Francke, Arnold, Zinzendorf, Bengel und wie sie alle heißen, lehrten stets das gleiche: die einzige Gerechtigkeit, die vor Gott gilt, kommt durch das blutige Opfer Christi am Kreuz. Als sie dies erkannten, geschah Gewaltiges. Die Menschen, die damals zum Glauben kamen und sich zusammenschlossen, waren ein Licht für die ganze Welt, und die Glaubenswerke, die zu jener Zeit gegründet wurden, wirken bis heute allerorten im Segen weiter.

Die Gemeinschaftsbewegung wurde aber nur deshalb solch ein brauchbares Werkzeug in Gottes Hand, weil man hier die Kraft des Blutes predigte. Eine Verkündigung, die am Blut Jesu vorbeigeht, ist nicht christlich, auch wenn sie sich tausendmal so anhört. Das müssen sich viele unserer heutigen Theologen mit großem Ernst sagen lassen: Ihre Predigt ist nicht apostolisch, und ihre «Erfolge» zeigen, daß der Tod im Topf ist. Sie finden die Menschen mit Steinen schöngeistiger Moralität ab, aber das hat noch keines Menschen Leben vom Verderben erlöst. Zwischen ihren Worten und denjenigen fernöstlicher Meditationslehrer oder den Geboten der alten Gesetzesreligionen besteht im Grunde genommen vom Wesen her wenig Unterschied: Sie alle predigen die Selbsterlösung durch eigenes Bemühen.

3. Was ist deine Antwort auf das Angebot des Blutes?

Bedenke: Von deiner Stellung dem Blut des Sohnes Gottes gegenüber hängt dein ewiges Geschick ab! Glaubst du an das Opfer des Sohnes Gottes, so wirst du gerettet, lehnst du es aber ab, so wartet endlose Nacht auf dich. Christus hat auf Golgatha sein Blut vergossen zur Errettung der verlorenen Welt, also auch für dich. Wenn du daran glaubst, wirst du seine wunderbare Kraft erfahren. Keine Sünde ist so mächtig, daß das Blut Christi sie nicht heilen könnte! Auch verzweifelt böse Fälle dürfen hier Rettung erfahren. Darum: Werde doch Gott gehorsam, beuge dich vor Christus und nimm sein Blut an als die einzige Kraft, die dich erlösen kann. Gib deine inneren Vorbehalte und Vorurteile dem Blut Christi gegenüber auf, denn sonst gehst du rettungslos verloren! Es gibt nur einen Weg zur Seligkeit: durch das Blut des Lammes. Denn so spricht Gott: «Um das Blut deines Bundes willen lasse ich die Gefangenen frei aus der Grube» (Sach. 9,11).

Es gibt keine Erfahrung im christlichen Leben, die uns nicht durch die Kraft des Blutes Jesu zuteil würde. Deine Rechtfertigung vor Gott, so lehrt der Apostel Paulus, geschieht allein durch das Blut Jesu Christi: «Nun aber seid ihr, die ihr früher ferne wart, nahe geworden durch das Blut Christi» (Eph. 2,13). «Durch sein eigen Blut ist er ein für allemal in das Heilige eingegangen und hat eine ewige Erlösung geschaffen» (Hebr. 9,12). Auch der Sieg über alle Sünde, über unsere Empfindlichkeit, über alles Selbstische und alle widergöttliche Lust ist nur möglich durch das Blut Jesu.

Möchtest nicht auch du alle Finsternis und Sünde überwinden lernen durch das Blut des Lammes, wie es in Offb. 12,11 heißt? Nur so wirst du am Thron des Lammes einmal mit einstimmen können in das neue, nie endende Lied der Anbetung und des Lobes. Und was wird der Gegenstand dieses Lobes sein? Das Lamm, das erwürgt ist und dich erkauft hat mit seinem Blut! (Offb. 5,9)

Die Bibel bezeugt uns von Anfang bis Ende, daß alle Gnade und Seligkeit, alle Kraft und Stärke uns allein aus dieser Quelle zufließt. Ja, unser ganzes himmlisches Erbe beruht nach den Aussagen der Schrift einzig und allein auf Christi Blut und Opfer. Wenn ein Mensch ewig verlorengeht, so hat dies keine andere Ursache als die, daß er das Blut des Gottessohnes mit Füßen getreten hat. «Denn wer dem Sohn Gottes nicht glaubt, wird das Leben nicht sehen, sondern der Zorn Gottes bleibt über ihm» (Joh. 3,36).

Der Segen des Blutes Christi

«Das ist mein Blut des Bundes, das für viele vergossen wird zur Vergebung der Sünden» (Matth. 26,28).

Das ganze Leben Jesu war ein einziger Opfergang, den er für dich und mich auf sich nahm. Dieses Opferleben begann in Bethlehem, es führte ihn nach Ägypten und Nazareth, an den Jordan, durch Galiläa, Samaria und Judäa, bis hin nach Golgatha und hinunter in die Gruft des Joseph von Arimathia. In Gethsemane und auf Golgatha durchlitt er den Höhepunkt dieses Opfers. Nirgendwo sonst offenbart sich die Liebe Gottes und sein Leiden an uns Menschen so klar wie auf Golgatha. Hier vergoß Jesus als Mittler zwischen einem heiligen, gerechten Gott und einer verdorbenen Menschheit sein Herzblut. Hier am Kreuz erfüllte er die Rechtsforderungen des Vaters – für uns vernichtete er den Schuldbrief, der wider uns war, samt allen Ansprüchen des Teufels. Hier erst können wir ermessen, wie groß die Liebe Gottes zu uns Abtrünnigen ist! Diese blutige Liebe sollte unsere erstorbenen Herzen überwinden und uns für ihn zurückgewinnen.

Auf Golgatha floß das «Blut des Bundes». Dieses Blut ist das Allerheiligste des Christentums. Nur der Geist Gottes kann uns das Blut und seine unzähligen Segnungen verständlich machen. Ein geisterfüllter Mensch freut sich des Blutes und betet die Gnade Gottes an. Es ist überaus kostbar, was uns die Schrift über das Blut Jesu alles zu sagen hat. Sehen wir uns deshalb einmal genauer an, was das Wesen dieses Blutes ist und was es bewirkt:

1. Es ist heiliges, reines Blut,

denn es ist das Blut des Sohnes Gottes, des unschuldigen und unbefleckten Lammes (1. Petr. 1,19). Im Himmel wie auf Erden gab es kein Blut wie dieses. Einzig das Blut Jesu wurde von Gott so wertgeachtet, daß er es als vollgültiges Sühnopfer anerkennen konnte. Mit diesem Blut hat der Sohn Gottes sein ganzes Leben hingegeben. Ein paar Blutstropfen hätten niemals ausgereicht, es mußte das ganze Leben geopfert werden. Allein dadurch bekam das Opfer Gültigkeit und wurde das Blut Jesu zu dem teuren, kostbaren Blut, das uns erlösen kann.

2. Es ist das Opferblut eines Sünd- und Schuldopfers

Der Opfergedanke ist dem Menschen schon früh offenbart worden. Der israelitische Opferdienst war nichts anderes als ein gleichnishaftes Vorbild, ein deutlicher Hinweis auf das Opfer Christi. Gott anerkennt in seinem gerechten Richten die Möglichkeit der Stellvertretung, das heißt, daß ein anderer für meine Schuld bezahlt. Die meisten Völker kannten früher in ihrem Strafrecht diese Stellvertretung: jemand konnte für einen anderen ins Gefängnis oder in die Sklaverei gehen, ja sogar sterben.

Die moderne Gesellschaft läßt diese Stellvertretung nur noch in beschränkter Weise zu, zum Beispiel wenn es sich um eine Arbeitsleistung oder um die Zahlung von Schulden handelt. Bei Gott hingegen gilt diese Stellvertretung uneingeschränkt, bis heute. Vollgültig ist sie jedoch nur, wenn sie aus Liebe geschieht. Und diese Bedingung hat der Herr Jesus erfüllt. Er hat sich selbst geopfert, weil er uns liebte und erlösen wollte: «Er trug unsere Krankheit und lud auf sich unsere Schmerzen» (Jes. 53,4).

Wenn sein Blut in manchen Schriftworten als Blut der Besprengung bezeichnet wird (1. Petr. 1,2; Hebr. 12,24), so wird damit nichts Neues über seine Bedeutung ausgesagt, sondern lediglich auf den Vorgang am Versöhnungstag Bezug genommen, wo der Hohepriester zur Vergebung der Sünden im Allerheiligsten die Bundeslade mit Blut besprengen mußte.

3. Die Wirkung des Schuldopfers ist Sühne und Versöhnung

Durch das Opfer Christi ist unsere Schuld ein für allemal gebüßt und getilgt. Der Herr warf all unsere Schuld auf ihn: «Die Strafe liegt auf ihm, auf daß wir Frieden hätten» (Jes. 53,5). Aus der

Sühne aber folgt die Versöhnung. Die Feindschaft zwischen Mensch und Gott ist ein für allemal zu Ende. Wie geht das zu? Nun, der Mensch erfährt die frohe Botschaft, daß Jesus seine Schuld auf sich nahm und Gott ihm, dem Sünder, die Gnadenhand entgegenstreckt. Wenn er diese ausgestreckte Hand ergreift, anerkennt er damit die Bedeutung des Opfers. Er glaubt an die große, ewige Liebe des Vaters und fällt ihm anbetend zu Füßen. Damit ist die Versöhnung Tatsache geworden und der Friede wiederhergestellt! Denn durch Jesus ist die Welt mit Gott versöhnt, «indem er Frieden machte durch sein Blut am Kreuz» (Kol. 1,20).

Nicht Gott muß erst zur Versöhnung herbeigezogen werden, es ist der Mensch, der oft so lange braucht, bis er die Liebe Gottes erkennen und annehmen will. Wirklich tief geschieht dies aber meist nur dann, wenn dem Menschen aufgeht, was für alle Ewigkeit sein Schicksal wäre, wenn er keinen Erlöser hätte. Dem Versöhnten wird deshalb das Blut Christi heilig, denn in ihm hat er die Garantie, daß sein Leben versöhnt *ist.* Das Blut allein bewirkt diese Gewißheit jedoch nicht. Es muß der Glaube an die Bedeutung und Macht des Blutes hinzukommen (Röm. 3,25).

4. Das Blut Jesu macht rein und gerecht

(siehe Röm. 5,9; 1.Joh. 1,7; Hebr. 9,14; Offb. 1,5)

Was uns vor Gott unrein erscheinen läßt, ist die Sünde. Durch das Sühnopfer Christi aber wird die Sünde hinweggenommen. Jesus ist das Lamm Gottes, das die Sünde der Welt «hinwegträgt» (wie es in der wörtlichen Übersetzung heißt). Gott sieht den bußfertigen und gläubigen Sünder als einen durchs Opferblut Reingewaschenen an, zu dem er wieder in ein väterliches Verhältnis treten kann. Der begnadigte Sünder darf es im Glauben fassen: Meine Sünden, und zwar sowohl die ausgelebte Sünde wie die sündige Natur, sind bedeckt, vergeben, getilgt und können mich nicht mehr von Gott trennen. Darum haben wir jetzt «Freudigkeit zum Eingang in das Heilige durch das Blut Jesu» (Hebr. 10,19).

5. Das Blut Jesu ist Lösegeld und Kaufpreis

(siehe Apg. 20,28; Eph. 1,7; 1. Petr. 1,18–19; Offb. 5,9)

Durch die Sünde kamen wir unter die Gewalt Satans; er bekam ein Recht an uns. Dadurch, daß Jesu Blut unsere Sünden hinweggenommen hat, hat Satan sein Recht an uns verloren. Wir sind von seiner Herrschaft losgekauft und frei gemacht!

6. Durch das Blut Jesu werden wir geheiligt (Hebr. 13,12)

Das Blut Jesu erlöst nicht nur vom Reich der Finsternis, sondern macht uns zum persönlichen Eigentum Gottes. Was Gott geweiht ist, das ist auch geheiligt. Gehören wir Gott, weil wir von ihm losgekauft wurden (Offb. 5,9), so sind wir ihm auch Gehorsam, Anbetung und Ehre schuldig. Daß wir ihm aber mit Leib, Seele und Geist untertan werden, das ist das Werk des Heiligen Geistes. Dieser will uns nicht nur die Gewißheit unserer Erlösung schenken, sondern in uns auch ein verändertes, Gott wohlgefälliges Leben wirken: unsere Heiligung. Wir sind geheiligt, d.h. Gott erkauft durch das Blut Christi, und allein auf dieser Grundlage beruht die Heiligung unseres Lebens durch den Heiligen Geist.

7. Das Blut Christi als Zeichen seines Opfertodes ist der Grund unserer Hoffnung

Alles, was wir als Kinder Gottes für dieses wie für unser zukünftiges Leben erwarten, gründet auf dem für uns vergossenen Blut Jesu Christi. Gehe darum nicht an dem Blut Jesu vorbei, denn es ist auch dein Leben. Achte das teure Blut nicht für unrein, denn es ist der Quell unserer Reinheit und Heiligkeit. Durch den Glauben kommen wir mit dem Blut in Verbindung und werden damit auch all seiner unaussprechlichen Segnungen teilhaftig. Ach, daß doch alle mit den Erlösten jubeln könnten: «Jesus Christus hat mich geliebt und erlöst mit seinem Blut!» Dann wäre unser Mahnen und Rufen nicht vergeblich gewesen.

Das Blut des ewigen Testaments

«Der Gott des Friedens, der den großen Hirten der Schafe, unsern Herrn Jesus, durch das Blut des ewigen Bundes von den Toten heraufgeführt hat ...» (Hebr. 13,20).

Gott hat mit uns einen Bund gemacht. Auf diesem Bund ruht das Geheimnis unserer Erwählung, unserer Erlösung und jedes Segens, den uns Gott in Christus schenken möchte. Mit diesem ewigen Bund beginnt unsere Lebensgeschichte. Unsere Bekehrung ist im Grunde nur die Quittung für diese Tatsache des ewigen Bundes. Daß du wiedergeboren bist und Gott dir deine Schuld vergab, hat seine Ursache im Erbarmen Gottes, das alles Denken übersteigt. Ist diese Tatsache nicht anbetungswürdig?

1. Das Siegel dieses Bundes ist das Blut des Herrn Jesus

Wenn früher irgendwelche Bündnisse geschlossen wurden, erfüllte man gewisse Bräuche, um den Vertrag zu bestätigen. Als beispielsweise Jakob einen Bund mit Laban einging, nahm er einen Stein und richtete ihn auf als Bundeszeichen (1. Mose 31,45). Die Bündnisse, die Gott im Alten Testament mit den Menschen schloß, wurden alle mit Blut bestätigt. Sobald Blut vergossen wurde und das Opfertier starb, war die Übereinkunft unverbrüchlich gültig. Auf die gleiche Weise mußte auch der ewige Bund, von dem alle früheren Bündnisse nur Schatten und Abbilder waren, mit Blut besiegelt werden. Dieses Blut konnte aber weder Ochsen- noch Bocksblut sein – Tierblut reichte hier nicht aus –, es mußte das kostbare Blut Christi, des Sohnes Gottes, fließen.

Der ewige Bund ist mit Jesu Blut versiegelt worden. Dieses Siegel kann *nie* gebrochen werden. Und so wenig wie das Siegel, kann auch der Bund selbst gebrochen werden. Dies steht ein für allemal fest: Gott wird den Bund, den er mit uns gemacht hat und der mit dem Blut aus den Adern seines eigenen Sohnes besprengt wurde, niemals auflösen. Dieses Testament ist ewig und unantastbar, denn Christi Blut hat es bestätigt.

Lieber Leser, der du noch an dieser Tatsache zweifelst, stehe still, wirf dich in Anbetung vor deinem Gott nieder und danke ihm für das Blut Christi! Verzweifle an deinem Zweifel! Verlasse die Finsternis des Unglaubens und glaube an das Blut des ewigen Bundes!

2. Durch das Blut Christi ist der ewige Bund nicht nur bestätigt, sondern in gewisser Weise bereits erfüllt

Gott hat einen Bund mit den Menschen gemacht, damit sie seine Rechtsforderungen erfüllen sollten. Sie haben sich jedoch nicht an seine Gebote gehalten, sondern sie willkürlich übertreten und dadurch seine Majestät verachtet und gelästert. Wie konnte das wiedergutgemacht werden? Allein durch den Gottmenschen Christus! Er war sein ganzes Leben lang gehorsam. Sogar als er am Kreuz hing, lehnte er sich nicht gegen seinen Vater auf, sondern vertraute ihm völlig. Dadurch sühnte er alle unsere Verbrechen und Vergehen Gott gegenüber. Und nicht nur das: indem Jesus alle Bundesforderungen Gottes erfüllte, unterschrieb er zugleich den neuen, ewigen Bund. Von diesem Bund aber wird der Vater niemals mehr zurücktreten, denn sein Sohn, der große Hirte, hat sein Leben dafür gelassen!

Wie kannst du also leichtfertig behaupten, Gott habe dich verstossen! Du habest kein Heil und keine Gnade mehr zu erwarten! Laß diese dunklen Gedanken, die dir der Teufel einzuflüstern versucht. Erkenne doch, daß Christi Blut garantiert: Gott wird seinen ewigen Bund mit dir niemals mehr brechen!

3. Durch das Blut ist der «ewige Bund» in ein «ewiges Testament» verwandelt worden

Weil dem so ist, wird die heilige Schrift auch «Testament» genannt. Gott hat uns ein Testament vermacht, das unverbrüchlich feststeht und an dem nicht gerüttelt werden kann: «Man hebt doch das Testament eines Menschen nicht auf, wenn es bestätigt ist» (Gal. 3,15). Sollte Gott sein Testament jemals selbst verwerfen? Niemals! Darum fasse auch du Mut und gib der Schwermut und den falschen Vorspiegelungen deiner Phantasie den Abschied! Glaube an das «ewige Testament», und Freude wird dein Herz erfüllen.

4. Der Bund ist ein ewiger Bund und das Testament ein ewiges Testament

Wenn «ewig» nicht ewig ist, was soll es dann bedeuten? Wir können jene Lehrmeinung niemals anerkennen, die behauptet, «ewig» bedeute in Wirklichkeit eben nicht ewig, sondern bezeichne nur einen Zeitabschnitt, der früher oder später zu Ende gehe. Das sind menschliche Weisheiten und Spitzfindigkeiten, mit denen man den Gedankenlosen imponieren will. Weg damit! Ich kann dieser selbsterfundenen Theologie keinen Geschmack abgewinnen, denn ich bin nicht bereit, auf die ewige Dauer des Himmels und der göttlichen Segnungen zu verzichten.

Die menschliche Natur leugnet verständlicherweise nur zu gern die ewige Verdammnis, die ewige Trennung von Gott, und spricht statt dessen von der «sogenannten Hölle», die einmal ein Ende haben wird. Doch Gottes Wort duldet solch eine Vorstellung nicht. Man kann zwar das Wort quetschen und verzerren, bis es in eine gefällige dogmatische Formel paßt. Aber am Schluß geht es uns wie mit dem Äther: Wenn man glaubt, man habe ihn gebunden, ist er bereits entwichen. Das lebendige Wort Gottes läßt sich nicht in irgendeine beliebige Dogmatik oder in ein philosophisches System einpferchen. Es ist in der Freiheit geboren und verkündigt die Freiheit. Es bleibt dabei: ewig ist ewig. Der ewige Bund ist ein immerwährender Bund, und das ewige Testament ist ein nie aufhörendes Testament. Die Himmelsfreuden haben kein Ende, aber auch die Qual der Gottlosen wird niemals aufhören.

Das ist für die Gottlosen und Sünder ein Schrecken, für dich aber, Volk des Herrn, eine Quelle voll heiliger Freude. «Seine Gnade währet ewiglich und seine Wahrheit für und für.» Sogar die Engel sind voller Staunen über diese Gnade, wie die Schrift berichtet. Dürfen wir Menschen es uns da erlauben, diesen Bund, der mit dem Blut Christi versiegelt ist, geringzuachten?

Die Versöhnung durch das Blut Christi

«Womit soll ich mich dem Herrn nahen, mich beugen vor dem hohen Gott?» (Micha 6,6)

«Jesus Christus ist die Versöhnung für unsere Sünden, doch nicht nur für unsere, sondern auch für die der ganzen Welt» (1. Joh. 2,2).

1. Was kann mich mit Gott versöhnen?

Diese Frage hat den Geist des Menschen zu allen Zeiten umgetrieben. In allen Religionen findet sie sich auf irgendeine Art wieder. Aber ist dies verwunderlich? Wohl kaum, wenn man bedenkt, daß es auf Erden noch nie einen Sünder gegeben hat, der sich nicht irgendwann einmal vor Gottes Zorn gefürchtet oder gar etwas davon verspürt hätte. Eindrücklich beschreiben es die Psalmen, wie Gott dem Sünder grollt mit dem Donner seines Grimms und Blitze seines Feuereifers auf ihn niedergehen. Erleben wir nicht gerade heute solch schreckliche Weltgerichte, die sich in Kriegen und Katastrophen entladen? Unheil bricht aus der Hölle hervor, Tod und Verderben um sich verbreitend. Da stehen dem Sünder all seine Missetaten vor Augen und die bange Frage erwacht: Was kann mich mit Gott versöhnen?

Die heidnischen Völker versuchen, mit vielen Opfern, grausamer Selbstkasteiung und der Hingabe ihres Leibes Gott zu versöhnen und ihre Seelen vor dem ewigen Verderben zu retten. Die Mohamedaner beispielsweise beten mehrmals täglich ein vorgeschriebenes Gebet, fasten und nehmen lange Wallfahrten auf sich, um sich mit Gott zu versöhnen. Wieder andere meditieren, ringen sich harte Entsagungen ab oder suchen sich gar durch allerlei Beschwörungsformeln vor dem göttlichen Zorn zu schützen.

Aber auch bei uns, in unseren Breiten, gibt es unzählige Menschen, die sich durch fromme Werke, durch sittliche Taten, durch Gebete und gottesdienstliche Rituale Gottes Gnade «verdienen» wollen. Daß Gott durch all diese Werke nicht versöhnt wird und daß er sich durch dieses Treiben keinen Sand in die Augen streuen läßt, müßte eigentlich auch dem einfältigsten Menschen einleuchten. Der Sünder kann sich selbst nicht mit Gott versöhnen. Niemals kann er sein eigener Versöhner sein! All unsere Werke und guten Taten sind in Gottes Augen nutzlos, wie abgestandener Weihrauch. Sie machen uns nicht besser, und deshalb muß sie der heilige Gott zurückweisen: Eine Versöhnung des Sünders mit ihm erfordert mehr.

2. Auf welchem Weg wird der gerechte Gott versöhnt?

Gott wird nur dadurch versöhnt, daß für alle Sünde volle Genugtuung geleistet wird, daß jemand für sie bezahlt, denn Gott ist heilig, Licht ist sein Kleid. Er offenbart sich als ein verzehrendes Feuer, und seine Herrschaft besteht in unbestechlicher Gerechtigkeit. Nur wer unschuldige Hände und ein reines Herz aufweisen kann, darf es wagen, sich ihm zu nahen (Psalm 24,4).

Merkst du, daß du nicht vor deinem Gott bestehen kannst? Erkennst du nicht, daß du ihm ohne blutige Genugtuung nicht begegnen kannst? Die neuzeitlichen Philosophien, aber auch die Theologie haben uns das Bild Gottes verwischt. Der Gott des modernen Menschen hat mit dem heiligen Gott der Bibel weithin nichts mehr gemein. Täuschen wir uns nicht! Der Gott der Bibel fordert Sühne und gerechte Bestrafung. «Der Sünde Lohn aber ist der Tod» – der ewige Tod. Der heilige Gott fordert unser Leben, unser Blut! Nur Blut kann uns deshalb retten vor dem Gericht und dem Rauch der Qual, der aufsteigt von Ewigkeit zu Ewigkeit.

3. Können wir selbst den Preis zahlen, der zu unserer Erlösung nötig ist?

Nein – niemals können wir das! Eher könnten wir Welten schaffen und dem, was nicht ist, gebieten, daß es sei, als unsere Sünden ungeschehen machen. Hier haben wir es mit einer absoluten Unmöglichkeit zu tun. Zudem können wir uns selbst gar nicht ändern: Wir können nichts Gutes tun, weil wir durch und durch böse sind. Böse zu handeln gehört zu unseren elementarsten Lebensgewohnheiten. Wir sind dazu verurteilt, Böses zu tun, sagt die Bibel. Wir können also weder unsere Schuld wegnehmen, noch dafür sorgen, daß sie sich nicht vermehrt. Wir fügen im Gegenteil täglich noch mehr Verdammungswürdiges hinzu.

Weil wir Menschen aber alle gleich sind, und in Gottes Augen keiner besser ist als der andere, kann auch kein anderer Mensch für unsere Schuld aufkommen. Nicht einmal ein Engel vermag dies. Das Lösegeld für unsere Seele ist zu hoch. Müssen wir es Gott darum auf ewig schuldig bleiben? Wenn es keine Möglichkeit gibt, uns durch eigene Anstrengung mit Gott zu versöhnen: Müssen wir dann nicht alle Hoffnung fahren lassen? Lebt wohl, Frieden, Freude, Licht und Wonne auf immer? Bleibt uns am Ende wirklich nur die Hölle?

4. Wer zahlt die Rechnung?

Ist denn alles hoffnungslos? Nein, du brauchst nicht zu verzweifeln! Gott selbst hat etwas unternommen, was uns rettet. Das Unglaublichste ist geschehen: Gott sandte seinen Sohn zur Versöhnung für unsere Sünden und für die der ganzen Welt. Er kam, um für uns zu bürgen, leistete Gott vollkommenen, letzten Gehorsam und wirkte dadurch die Gerechtigkeit, die vor Gott gilt. Am Kreuz bezahlte er für unsere Schuld und hat uns so auf ewig erlöst. Dort am Kreuz floß sein Blut, und in diesem letzten Kampf gegen Sünde, Tod und Teufel erklang schließlich der Siegesruf: «Es ist vollbracht!»

Die Trennwand zwischen Gott und Mensch ist niedergerissen, der Weg zurück zum Vater und seiner Herrlichkeit gebahnt. Der Weg dorthin führt über Golgatha. Da wird uns der königliche Purpur dargeboten: Die Gerechtigkeit Christi, sein heiliges Blut schließt uns die Pforte des Himmels auf. Welch ein unsagbar köstliches Geschenk!

Gerecht durch das Blut Christi

«... und werden ohne Verdienst gerecht aus seiner Gnade durch die Erlösung, die durch Christus Jesus geschehen ist. Den hat Gott für den Glauben hingestellt in seinem Blut als Sühnopfer, damit Gott erweise seine Gerechtigkeit» (Röm. 3, 24.25).

«Um wieviel mehr werden wir durch ihn bewahrt werden vor dem Zorn, nachdem wir jetzt durch sein Blut gerecht geworden sind!» (Röm. 5,9)

Rechtfertigung ist eine Folge der Versöhnung. Durch das Sühnopfer, das unser Herr Jesus Christus Gott dargebracht hat, sind wir vor unserem himmlischen Vater ein für allemal gerechtfertigt. Das ist die gute Nachricht, die allen Mühseligen und Beladenen gilt: Die Rechtfertigung ist eine vollendete Tatsache! Wenn du diese Tatsache «durch den Glauben an sein Blut» annimmst, ist Gottes Gerechtigkeit Genüge getan. Du darfst wissen, daß du nun in seinen Augen vollkommen gerecht bist.

1. Wir sind durch Christi Blut gerecht gemacht

Was für eine unfaßbar große Gnade: Jesus hat um unsertwillen die Todesstrafe erlitten! Dort hängt er am Kreuz. Welch ein Anblick! Mitten in der Dunkelheit, als die Erde erbebte, die Felsen zersprangen und die Gräber einstürzten, hat der Gottes- und Menschensohn für uns unaussprechliche Schmerzen und Seelenqualen erduldet. Welch ein Zugeständnis Gottes an uns Sünder: Der Unschuldige wird bestraft, der ewig Hochgelobte zum Fluch gemacht, der Herrliche dem Tode geweiht! Kannst du das verstehen?

Es mußte so sein. Gott mußte unsere Sünde sühnen, damit er sie vergeben konnte. Ohne diese Sühne hätten wir niemals Vergebung erlangen können, ohne daß die Grundlage seiner Herrschaft, seine uneingeschränkte Gerechtigkeit, erschüttert und das Buch seines Gesetzes befleckt worden wäre. Durch den schrecklichen Tod Jesu aber wurden all unsere Verfehlungen gesühnt. Christus starb an unserer Statt. Durch sein Opfer wird auch der Gottloseste gerecht gemacht. Zögere deshalb nicht! Liefere dich der Hand deines Erlösers aus und du wirst gerechtgesprochen werden, sein Blut wird dich reinigen, so als hättest du nie gesündigt. Bist du verzagt und verzweifelt? – Wirf doch deinen Unglauben über Bord und nimm es ganz schlicht und einfach an, was Gott dir zusagt: Durch Jesu Blut *bist* du gerecht gemacht!

Nicht du hast dich gerechtfertigt – Gott hat es getan in Christus. Die Ursache dafür sind nicht deine eigenen «guten Werke», sondern es ist Gottes unendliches Erbarmen, eine Liebe, die all unsere Vorstellungen übertrifft. Am Kreuz hat Jesus deine Sünden getilgt, deine Schuld bezahlt und dein Leben vom Verderben erlöst. All das geschah einzig und allein durch das vergossene Blut unseres Herrn. Ist dies nicht Grund niederzufallen und anzubeten? Ja, «wer will verdammen? Christus ist hier, der gestorben ist. Wer will die Auserwählten Gottes beschuldigen? Gott ist hier, der gerecht macht» (Röm. 8,33).

Lieber Leser, willst du dieses große Heil annehmen, willst du zu Gott kommen, so wie du bist, und dein Leben dem Ewigen weihen? Laß deine guten Vorsätze, all deine edlen und schönen Gedanken, deine guten Taten und alles, worauf du bis jetzt deine eigene Gerechtigkeit aufzurichten versuchtest, laß all das hinter dir. Komm in deiner ganzen Armut zum Kreuz, und du wirst die selige Wahrheit der Rechtfertigung durch sein Blut noch heute erfahren!

2. Durch den Glauben an das Blut Christi werden wir der Rechtfertigung teilhaftig

Dem natürlichen Menschen will das nicht einleuchten: gerecht ohne eigenes Dazutun? Doch es bleibt dabei: unsere Rechtfertigung liegt allein im Blut Christi und kommt nicht durch eigene Werke zustande.

«Von der Rechtfertigung kann man nichts weichen noch nachgeben, es falle Himmel und Erde und was nicht bleiben will», sagte Martin Luther. Wie wunderbar! Durch den Glauben an das Blut Christi wird ein Sünder freigesprochen und kann jubeln: «Ich bin gerecht geworden durch den Glauben und habe Frieden mit Gott!» (Röm. 5,1) Das erscheint unserem natürlichen, logischen Denken unmöglich: «Ich soll nur durch den Glauben gerecht werden, ganz ohne eigene Leistung?» fragst du erstaunt. Ja, ich darf es dir nochmals ausdrücklich versichern: allein durch den Glauben, nicht durch Werke. Gottes Erbarmen bewirkt es, nicht dein Bemühen. Nicht wahr, das versetzt deinem Stolz einen tödlichen Stoß!? Der göttliche Glockenklang: «Allein durch den Glauben an Jesu Blut» wird für deine Selbstgerechtigkeit zum Geläute einer Totenglocke – für das zerbrochene und zerschlagene Herz aber ist es lauter Himmelsmusik.

Die Pharisäer wollten durch eigene Werke vor Gott gerecht werden, und deshalb töteten sie den Fürsten des Lebens. Die Mohammedaner glauben, durch Gebet, Fasten und Wallfahrten ins Paradies zu kommen, und wollen daher nichts von der Vergebung durch das Blut Christi wissen. Bei den Katholiken machen eine Unzahl von Erscheinungen, Traditionen und der Bibel widersprechende Lehren dem lebendigen Christus den Platz streitig (Marien- und Heiligenverehrung, Dogma der «Alleinseligmachenden Kirche», Sakramentslehre, Gebetsformeln und ein ausgeklügeltes System von Werken, um nur einiges zu nennen).

Aber auch im Protestantismus finden wir Irrtümer, die nicht minder unheilvoll sind. Etwa die Lehre der durch die Taufe erlangten Wiedergeburt, die, folgerichtig verstanden, jegliche Evangelisation überflüssig macht, denn einer bewußten Annahme des Heilsangebotes Gottes durch den Akt der Buße bedarf es ja dann nicht mehr. In manchen Kreisen drängt man die Lehre von der Rechtfertigung allein durch den Glauben auf andere Weise in den Hintergrund. Man redet zum Beispiel von «Geistestaufe», von einem «zweitem Segen», von «Offenbarungen und Wundergaben», aber die Rechtfertigung durch den Glauben an das Blut Christi hat man oft weder begriffen noch ergriffen. Arme betrogene Gläubige! Ihr wollt durch eure sittlichen Handlungen und durch euer frommes Geschwätz vor Gott gerecht werden? Was für eine Überheblichkeit! Was aber wird, wenn der letzte Feind, der Tod, uns vor die Schranken des göttlichen Gerichtes zitiert? Dann wird alle Selbstgerechtigkeit erbleichen, alle aus falschen Motiven gespendeten Opfer und Almosen, alle selbsterdachte Religiosität auf der Waage des Heiligtums gewogen und für zu leicht erfunden werden. Halten wir deshalb unbedingt daran fest: «Der Mensch wird gerecht ohne des Gesetzes Werk; *allein durch den Glauben.*»

«Was?» so wird jetzt vielleicht mancher verständnislos oder sogar entrüstet entgegnen, «kann der Mensch denn gar nichts zu seiner Rechtfertigung beitragen?» Und wir müssen antworten: «Gar nichts!» Es gibt keinen anderen Weg zu unserer Rechtfertigung. Nicht gute Werke führen uns zur Freiheit, sondern allein das Geschenk des göttlichen Erbarmens. Nicht die Gaben, die wir Gott darbringen, sondern nur die Gabe, die wir von ihm annehmen, macht uns in seinen Augen gerecht:

Mein' Tugend und Gerechtigkeit,
Mein Glauben und mein Beten,
Es ist wie ein beflecktes Kleid
Und kann mich nicht vertreten!

3. Die Segnungen der Rechtfertigung

Aus unserer Rechtfertigung erwachsen uns unzählig viele Segnungen. Wir können hier nur einige von ihnen näher betrachten. Die wichtigste Segnung besteht zweifellos in der *Vergebung aller unserer Sünden.* Durch das Blut Christi kann Gott Sünden vergeben, denn Jesus hat dafür bezahlt. Luther sagt, daß «uns in diesem Blut Vergebung der Sünde, Leben und Seligkeit durch solche Worte gegeben sind. Denn wo Vergebung der Sünde ist, da ist auch Leben und Seligkeit.» In dem Augenblick, in dem du an das Blut Christi glaubst, wird deine Schuld von dir genommen. Du erhältst volle Vergebung. Glaubst du das? Der Gerechte wird aus diesem Glauben heraus leben, das sagt die Bibel ganz klar.

Wenn wir die Rechtfertigung Christi für uns in Anspruch genommen haben, wird uns eine zweite unendlich große Segnung zuteil: *die Gemeinschaft mit Gott.* Wir dürfen zu ihm «Abba, lieber Vater» sagen. Sein Vaterherz steht uns weit offen. Ein niemals versiegender Quell der Freuden ist uns erschlossen. Wie wunderbar ist es, Gemeinschaft mit Gott haben zu dürfen!

Der Gerechtfertigte empfängt aber auch Kraft, *der Sünde zu widerstehen, Liebe zu seinen Brüdern zu üben,* und in ihm erwacht ein *Hungern und Dürsten nach Gerechtigkeit.* Die Macht der Sünde ist gebrochen, Tod und Teufel mit ihrer grausamen Herrschaft müssen fliehen. Der Sünder wird zu einer neuen Schöpfung.

Das neue Leben besteht in der Gerechtigkeit Gottes durch das Blut Christi. Es ist keine rein äußerliche Veränderung, sondern eine neue Geburt aus Gott. Diese totale innere Erneuerung kann man weder durch treues Praktizieren von religiösen Übungen und Pflichten noch durch moralische Anstrengungen herbeiführen. Meine ganze Gerechtigkeit, Heiligkeit, Gewißheit und Unsträflichkeit beruht einzig und allein auf dem Blut Christi, das für mich geopfert wurde. Und Gott allein ist es auch, der mich auf seinem schmalen Weg sicher gehen läßt. Denn wenn ich diese neue Kraft im Blut Christi nicht empfangen hätte, so könnte ich trotz allem aufrichtigen Bemühen am Schluß doch noch fallen und das Ziel verfehlen. Deshalb kommt es nur darauf an, wieviel Raum ich Christus in mir lasse, und nicht, was ich selbst zustande gebracht habe.

Es liegt einzig und allein an Gottes Gnade und Bewahrung, wenn ich lernen darf, ihm treu zu sein, ihm zu dienen und der Sünde zu widerstehen. Schon unzählige geheiligte Gotteskinder vor uns haben das erkennen dürfen und es auch immer wieder bezeugt. Ermutigt dich das nicht, auch dein Leben rückhaltlos dem anzuvertrauen, der dich mit seinem Blut vollkommen gerecht machen kann?

Die Erlösung ist für alle da. Auch dir bietet Gott sie vorbehaltlos an. Er fordert nur das eine: übergib dein Leben Jesus Christus. «Verstocke dein Herz nicht um vermeintlicher Ehre, unruhiger Lust, ungewisser Habseligkeiten oder gar um deiner Trägheit willen! Wenn du klar erkennst, daß Gottes Geist in dir am Wirken ist, so widersetze dich ihm nicht!» mahnt ein treuer Nachfolger Christi den zögernden Sünder. Wenn du den entscheidenden Schritt wagst, bist du für alle Ewigkeiten den Stricken des Teufels entronnen und gehörst deinem Gott. Er selbst wird dann dafür sorgen, daß dich nichts mehr seiner Hand entreißt!

Ach, wenn du das nur von ganzem Herzen glauben und annehmen könntest, wie würde deine Seele jubeln! All deine Traurigkeit hätte ein Ende, Freude und Wonne würden dich erfüllen. Du würdest endlich erleben, was es heißt, wahrhaft frei zu sein:

Komm darum mit jeder Not,
Komm mit Sorgen und mit Sünden
Bergehoch und scharlachrot,
Immer wirst du Hilfe finden;
Denn der Born fließt dir zugut:
Allgenügsam ist das Blut!

Geheiligt durch das Blut Christi

«Darum hat auch Jesus, um das Volk durch sein eigenes Blut zu heiligen, draußen vor dem Tor gelitten» (Hebr. 13,12).

Ein weiterer Segen, der uns durch die Versöhnung im Blut Christi zuteil wird, ist unsere Heiligung. Leider wird dieses Kapitel von vielen Christen nicht verstanden und deshalb auch nicht ausgelebt. Wenn wir aber im Wort Gottes nachforschen, was Heiligung eigentlich ist, so können wir folgendes festhalten:

1. Christus hat uns durch sein Blut ein für allemal geheiligt

Weil Gott heilig ist, kann vor ihm nur bestehen, was absolut unsträflich ist: «Ihr sollt heilig sein, denn ich bin heilig, der Herr, euer Gott» (3. Mose 19,2). Wie können wir dieser höchsten Anforderung gerecht werden? In Hebr. 10,10 lesen wir, daß wir nach Gottes Willen ein für allemal geheiligt sind durch das Opfer des Leibes Christi. Christus hat sich für uns geheiligt und dahingegeben, damit auch wir geheiligt sein können. Das furchtbare Geschehen auf Golgatha hat nicht nur unsere Rechtfertigung, sondern auch unsere Heiligung ermöglicht. Christus starb, um uns durch sein Blut loszukaufen von dem Tyrannen, dem wir uns freiwillig verschrieben hatten, dem «Erfinder» der Sünde, dem Teufel. Nichts anderes vermochte uns zu befreien aus der unbarmherzigen Hand des «Mörders von Anfang an», aus den Ketten der Sünde und einem sündigen Wesen, das uns buchstäblich in Fleisch und Blut übergegangen war, als allein das heilige Blut des Lammes. Durch dieses Blut sind wir dem Herrn, unserem Gott, *hochheilig* geworden. Er hat uns vom Feind losgekauft, wir sind jetzt sein rechtmäßiges und unantastbares Eigentum, über das Gott allein verfügen kann.

Verstehst du diese wichtige Tatsache? Durch das Blut Christi bist du Gott ein für allemal geheiligt! Du gehörst ganz ihm, ja alle

Menschen gehören durch Christus ihm, all die ungezählten Millionen, welches Antlitz sie auch immer tragen, ob weiß, schwarz, rot oder gelb, ganz gleich, ob sie am Nordpol leben oder am Äquator, alle sind sie ausnahmslos geheiligt durch das Blut Christi. Welch eine wunderbare, anbetungswürdige Tatsache!

«Aber», so wirst du jetzt vielleicht fragen, «wenn alle geheiligt sind, heißt das dann nicht auch, daß alle gerettet sind?» – Nein, leider nicht, denn nur eine kleine Schar nimmt die angebotene Herrlichkeit auch in Anspruch. Die große Mehrheit hingegen nimmt die Tatsache ihrer Heiligung schlicht und einfach nicht zur Kenntnis. Erinnern wir uns, wie es war, als das Volk Israel Jericho eroberte (Jos. 6,17–25): «Diese Stadt und alles, was darin ist, soll dem Bann des Herrn verfallen sein!» lautete Gottes Befehl. In 3. Mose 27,28 aber heißt es: «Alles Verbannte ist hochheilig dem Herrn.» Der hebräische Ausdruck für «verbannen» kann einmal «abschneiden, vertilgen» bedeuten, aber auch «aussondern, weihen, heiligen». Diese verbannten, verfluchten Dinge sind also «hochheilig» dem Herrn? Was hat das zu bedeuten?

2. Es kommt darauf an, wie wir uns zu unserer Heiligung stellen

Was geschah damals bei der Eroberung Israels? Was sich *freiwillig zum Dienst für den Herrn zur Verfügung stellte,* was nicht vom Feuer verzehrt wurde, Silber und Gold und alle ehernen Geräte, das kam in das Heiligtum Gottes und war für immer sein Eigentum. Die Hure Rahab war die einzige in ganz Jericho, die sich Gott freiwillig unterwarf, indem sie Josuas Kundschafter versteckte. Deshalb hat Gott sie auch errettet. Nicht von ungefähr finden wir ihren Namen im Stammbaum Jesu: Gott hat sie gebraucht, sie blieb durch ihren Glauben für immer sein Eigentum. Alles Gold und Silber und Erz, das sich im Feuer bewährte, kam in den Schatz Gottes und wurde als Baumaterial für das Heiligtum Gottes, die Stiftshütte, verwendet. Alles das war «hochheilig dem Herrn».

Dazu vielleicht noch folgendes Beispiel: Als Belsazars Vater, der König von Babylon, Jerusalem eroberte, nahm er die Geräte aus Gottes Heiligtum als Beute mit sich. Belsazars ungeheu-

res Verbrechen in seiner letzten, schrecklichen Nacht bestand nun darin, daß er die goldenen und silbernen Gefäße aus dem Heiligtum mißbrauchte, um mit seinen Gewaltigen und seinen Weibern daraus zu trinken. Das aber war eine abscheuliche Majestätsbeleidung, denn diese Gefäße waren «heilig dem Herrn»: Wir alle kennen Belsazars schreckliches Ende!
Was sich *nicht freiwillig Gott zum Dienst stellte* und sich im Feuer nicht bewährte, das mußte zerstört und vernichtet werden, das sehen wir ganz klar, wenn wir nachlesen, wie Israel das gelobte Land einnahm. So kam es, daß alle Kanaaniter getötet und ihre Städte mit Feuer verbrannt wurden. Dieses Geschehen ist in gewisser Weise ein gleichnishaftes Vorbild für das, was mit Christus geschah, als er sich *für uns heiligte.* Sein ganzes Leben war «hochheilig dem Herrn», den Höhepunkt aber erreichte es in der Hingabe auf Golgatha, im stellvertretenden Opferleiden. Dort wurde er für uns «verfluchte Kanaaniter» zum Fluch gemacht und heiligte uns so für Gott.

Wer sich Christus bußfertig unterwirft und seine Vergebung gläubig annimmt, der gehört fortan zum auserwählten Geschlecht, zum königlichen Priestertum, zum Volk des Eigentums. Wer aber Christus verwirft, bleibt zwar auch «heilig dem Herrn», aber nicht zum Dienst und zur Seligkeit, sondern zum Zorngericht und zur Verdammnis. Das Geheul und Zähneknirschen der Widerspenstigen wird dann auf seine Weise die göttliche Gerechtigkeit und Heiligkeit in alle Ewigkeiten preisen.

Der du dies liest: Erkennst du nicht, daß auch du durch Christi Blut und Wunden Gottes Eigentum geworden bist? Willst du diese unabänderliche Tatsache nicht bejahen und dich ihm endlich ausliefern? Tust du es nicht, bleibst du trotzdem sein Eigentum, mit dem Unterschied jedoch, daß er einmal als Richter gegen dich wird auftreten müssen. Wie ernst sind hier die Konsequenzen! Es liegt nicht an dir, ob du Gott gehören willst oder nicht, sondern durch das Blut Jesu Christi *bist* du bereits für Gott geheiligt. Widersetzt du dich ihm und willst dich ihm nicht überlassen, so bleibst du dennoch in seiner Hand – als Gefäß seines Zornes!

Stellst du dich Gott aber freiwillig zur Verfügung, so schenkt er dir Gnade und rüstet dich mit seinen Gaben aus zum Dienst. «Der Gott aller Gnade ... wird euch aufrichten, stärken, gründen» (1. Petr. 5,10), «er macht euch fähig zu allem Guten, damit ihr seinen Willen tut» (Hebr. 13,21), «denn wir sind sein Werk, geschaffen in Christus Jesus zu guten Werken, die Gott im voraus bereitet hat, damit wir sie tun» (Eph. 2,10). Erst wenn wir Gott von ganzem Herzen und mit all unserer Kraft dienen, erst wenn wir ganz zu seiner Ehre leben, offenbart sich die Herrlichkeit Gottes in unserem Leben in ihrer ganzen Fülle.

Unser Glaube ist keine Einbildung, er beruht auf den höchsten Realitäten, die es überhaupt gibt! Halten wir uns das stets vor Augen: Wir folgen keinen phantastischen Fabeln, sondern stehen ganz auf dem Boden von Tatsachen, den uns kein Teufel und keine Hölle unter den Füßen wegziehen kann. Wir sind Gott geheiligt durch das Blut Christi.

3. Aufgrund der Heiligung durch das Blut Christi darfst auch du dich als Opfer Gott hingeben

Selbst wenn wir vor der aufopfernden Liebe Jesu zu uns überwältigt wurden, gefällt uns der Gedanke meist nicht besonders, uns ihm nun auch als Opfer zu überlassen. Gerade heutzutage bringt niemand mehr gerne Opfer. Wir scheuen den Schmerz und den Preis eines Opfers, den Einschnitt ins eigene Wesen, den das mit sich bringt. – Oder geht es dir etwa nicht so? Warum fällt es dir so schwer, es ganz mit Jesus zu wagen und dich auch zu ihm zu bekennen? Geht es dir vielleicht ähnlich wie jener hochgefeierten Schriftstellerin, die auf diese Frage antwortete: «Ich bleibe ein Nichtchrist, weil ich nicht willig bin, die Opfer, die das Christentum fordert, zu zahlen.»? Das jedenfalls steht fest: Vor Gott hat nur das Christentum Wert, das den roten Opferstempel trägt. Etwas anderes gilt vor ihm nicht.

Was aber ist Opfer? Dr. Gordon sagt: «Opfer bedeutet nicht bloß Leiden, obgleich es Leiden einschließt. Das Leiden ist etwas, was du nicht verhindern kannst. Opfer bedeutet auch nicht bloß Entbehrung, obgleich Entbehrung dabei ist. Opfern heißt: etwas tun, wozu du an und für sich nicht verpflichtet bist. Aber die Liebe treibt dich dazu, damit andere dadurch gesegnet werden, selbst wenn es dich schmerzt und dir ins Fleisch schneidet. Das Opfer ist eine Tat des freien Willens.»

Lieber Leser, willst du ein Segen für andere werden? Christus wurde ein Segen für die ganze Welt, weil er freiwillig unsere Sünden auf sich nahm und den Opfertod am Kreuz wählte: «Dieser hat wegen der Freude, die ihn erwartete, die Schande nicht geachtet und das Kreuz erduldet» (Hebr. 12,2). Natürlich kannst du dir «etwas Besseres» aussuchen – die zeitlichen Vergnügen dieser Welt strecken von allen Seiten die Hände nach dir aus, und die Sirenenstimmen der Lust versuchen dich in ihren Bann zu schlagen. Du kannst wählen: Christus mit Schmach und Schande und durch ihn ein unvorstellbar herrliches, ewiges Erbe oder die Herrlichkeit dieser Welt mit all ihrem Glück und ihren Freuden und dafür am Ende das unauslöschliche höllische Feuer.

Wenn du Christus wählst, wählst du ein Opferleben. Bis zu einem gewissen Grad wird das Blut auch dir nicht erspart bleiben. Nicht selten wird auch dir eine Dornenkrone in die Stirne schneiden, Nägel werden dir Hände und Füße durchbohren, und manch ein Schwert wird durch deine Seele dringen. Bis jetzt sind dir diese Dinge fremd; denn du hast noch nicht gelernt, was es heißt, der Sünde bis aufs Blut zu widerstehen (Hebr. 12,4). Das Opferleben eines Christen aber besteht darin, daß er einen Weg voller Leiden und Entbehrungen wählt, um dadurch wahre innere Freude in diesem und erst recht im zukünftigen Leben zu gewinnen und um für andere ein Segen zu sein. Darum noch einmal die Frage: Willst nicht auch du diesen Weg auf dich nehmen?

Denke daran, daß du «hochheilig» bist dem Herrn. Es ist nicht mehr als recht und billig, wenn Gott von dir verlangt, dich ihm als Opfer zu überlassen. Nimm deine Stellung als von Gott Geheiligter willig an und widerstehe dem Mahnen des Geistes Gottes nicht länger! Nur wenn dich der heilige Geist umgestalten kann, wird es dir möglich, durch Jesus Christus Gott die geistlichen Opfer zu bringen, die vor ihm angenehm sind. Nimm die Barmherzigkeit Gottes, die er dir auf Golgatha anbietet, und du kannst dich ihm hingeben als «ein Opfer, das lebendig, heilig und Gott wohlgefällig ist» (Röm. 12,1). Durch die Kraft seines Geistes wird es dir gelingen: «Vergeßt nicht, wohlzutun und mitzuteilen, denn an solchen Opfern hat Gott Wohlgefallen» (Hebr. 13,16).

Erkauft durch das Blut Christi

«Denn ihr wißt, daß ihr nicht mit vergänglichem Silber oder Gold losgekauft wurdet von eurem nichtigen Wandel nach der Väter Weise, sondern mit dem kostbaren Blut Christi» (1. Petr. 1,18.19).

«Du bist geschlachtet worden und hast mit deinem Blut Menschen für Gott erkauft» (Offb. 5,9).

Die Rechtfertigung und Heiligung von uns Sündern beruht auf der Tatsache, daß Christus uns Gott erkauft hat mit seinem Blut. Davon schreibt Petrus und davon handelt auch eine Strophe in jenem neuen Lied, das die Erlösten einmal vor dem Thron Gottes anstimmen werden. Betrachten wir deshalb etwas genauer, was dieses Erkauft-sein für uns bedeutet und mit sich bringt:

1. Daß Christus uns erkaufen mußte, zeigt uns, daß wir vorher Gefangene waren

Ja, wir alle waren unter Satan verkauft und seufzten unter seinem versklavenden Joch. Ohne Ausnahme waren wir Gefangene der Sünde und des Todes: uns drohte zu Recht die Hölle. Was für eine schreckliche Zeit haben doch – gottlob viele von uns – bereits hinter sich! Und du, der du dies liest und noch gefangen bist, auch dir möchte ich diese Botschaft von Freiheit und Leben weitersagen. Wir aber, die wir bereits wiedergeboren sind, tragen wir nicht alle noch Spuren unseres traurigen Lebens in der Gefangenschaft an unserem Wesen mit uns herum?

Kein Wunder, sind doch unser Denken und Streben, all unsere Anlagen und unser ganzes Wesen seit dem Sündenfall von Grund auf verdorben. Da kann weder Erziehung noch religiöse Dressur weiterhelfen. Es stimmt zwar: bis zu einem bestimmten Grad kann eine gute Erziehung diese oder jene schlechte Charakterneigung in den Hintergrund drängen, aber unter gewissen Bedingungen macht sie sich dennoch nur zu leicht wieder in uns breit. Unsere Sündhaftigkeit ist so sehr ein Teil von uns selbst geworden, uns so in Fleisch und Blut übergegangen, daß sie uns immer wieder beherrschen will, sei es als Unreinheit, Fleischeslust, Weltlust, Hochmut, Sinnenreiz, Furcht, Verzagtheit, Selbstbewußtsein oder wie auch immer die Übel heißen mögen.

All diese schlechten Anlagen sind «Erbstücke», die seit dem Fall von einer Menschheitsgeneration an die andere weitergegeben werden. (Und ein Rest dieses «eitlen Wandels nach der Väter Weise» ist auch noch im geheiligtsten Gotteskind zu entdecken!) Hier hilft alle Selbstveredelung und ethische Kultur nicht weiter. Ein böser Baum kann nie aus sich selbst heraus gute Früchte bringen, hat Jesus uns gelehrt. Wieviel wurde doch schon philosophiert von der angeblichen Weiterentwicklung des Menschen hin zu einem besseren Geschöpf! Doch wo sind all diese «veredelten» Menschen? Ich jedenfalls habe noch keinen getroffen, der sich durch eigene Kraft von seinem bösen Erbe lösen und sich selbst hätte befreien können.

Trotz mancherlei eigenem Bemühen: Der Unreine bleibt unrein und der von Leidenschaften Getriebene fällt immer wieder zurück in seine unguten Neigungen, stets aufs Neue erwacht die Bestie in ihm. Wohl rüttelt der Gefangene an seinen Ketten und sehnt sich nach der Freiheit – aber Kettenrasseln, fromme Wünche hegen, großartige Ideale verfolgen, von Freiheit träumen und singen, all das bringt keine Freiheit. Jesus hingegen verspricht: «Wen der Sohn frei macht, der ist wirklich frei.» Wo diese Freiheit ist, da hört der Sklavendienst des eigenen Ichs auf. Die Ketten der Sünde werden gesprengt, der Gefesselte wird frei und lebt von nun an für seinen Herrn – inmitten einer sterbenden Welt. Überlege doch einmal: Diese wahre Freiheit zu erlangen, ist das nicht die Mühe, den Schweiß und selbst das größte Opfer wert?

2. *Christus hat uns nicht mit Gold oder Silber losgekauft, sondern mit seinem kostbaren Blut*

«Nicht durch Gold oder Silber» ist Erlösung zu haben. Die Menschenseele ist keine Ware, die man mit Gold oder Silber freikaufen kann. Sie läßt sich weder durch Philosophie, Kunst oder Wissenschaft noch durch ein «schöngeistiges», ästhetisches Christentum vom Verderben loskaufen, auch wenn etliche das predigen, weil die Leute es gerne hören, ihnen «die Ohren danach jucken», wie es die Schrift so eindrücklich formuliert. Ich sage es kraft der Autorität des Wortes Gottes: das einzige Mittel, das uns erlöst, ist *das teure Blut.* Diese göttliche Kraft reißt uns los von unserem alten Wesen, heilt die zerschlagene Seele und bringt sie zurecht. Alle anderen Rezepte und «Heilmittel» sind untauglich, ja verlogen und nicht wert, daß man sie beachtet.

«Nicht mit Gold oder Silber», denn deine Seele ist von so unermeßlichem Wert, daß alles Gold und Silber der ganzen Welt nicht ausreichen würde, sie loszukaufen von Sünde, Tod und Hölle. Der Geist kann nicht durch Materielles erlöst werden, deshalb können weder vergängliche Werte noch gute Werke dir helfen und dich vom Verderben erretten. Erst wenn du durch Buße und Wiedergeburt zum wahren Leben erwacht bist, kannst du wirklich Gutes vollbringen, denn erst dann bist du ein Werk Gottes, geschaffen jene Werke zu vollbringen, die der Vater für dich vorbereitet hat (Eph. 2,10). Unsere Werke sind lediglich die gottgewollte Antwort auf die vollbrachte Erlösung. Nur weil der Glaube ohne Werke tot ist, sind sie im neuen Leben so wichtig wie das tägliche Brot, denn sie erhalten den Glauben lebendig.

Dasselbe gilt auch für moralische Anstrengungen, Fasten, Selbstzucht und dergleichen. Zur eigentlichen Erlösung kann all unser eigenes Bemühen nichts beitragen. Hier heißt es: «Die leibliche Übung ist zu wenigem nütze, die Gottseligkeit ist zu allen Dingen nütze und hat die Verheißung dieses und des zukünftigen Lebens» (1. Tim. 4,8). Wir müssen uns klar vor Augen halten, daß wir nicht mit äußeren Dingen losgekauft wurden, um auf ewig Eigentum Gottes zu werden, sondern allein durch das teure Blut Christi! Durch dieses Blut sind wir in Wahrheit gerechtfertigt und unserm Gott geheiligt.

Das Blut Christi reicht aus für Zeit und Ewigkeit! In ihm finden wir Erlösung von aller Macht und Tyrannei des Teufels. Die Erlösung geht so tief, daß Satan uns nicht mehr antasten oder verklagen kann (1. Joh. 5,18). Auch all unsere von den Vorfahren ererbte Sündhaftigkeit, alle Lust und der Hang zur Sünde, jeder Fluch und jede Leidenschaft, alle üblen Sitten und Gewohnheiten, wirklich alles, was unser verdorbenes Wesen ausmacht, ist gelöst durch das teure Blut des Lammes.

3. Wenn du wirklich erlöst werden willst, mußt du mit dem Blut Christi in Berührung kommen

Um aber mit dem heiligen Blut in Berührung zu kommen, mußt du ganz nah unter das Kreuz Christi treten. Dort mußt du unter deiner Sündenlast zusammenbrechen und dem Lamm Gottes begegnen, das die Sündenlast einer ganzen verlorenen Welt auf sich nahm (Joh. 1,29). Erst dieser Zusammenbruch und diese Begegnung öffnen uns die Augen für das ganze Ausmaß unserer Sünde, für unsere ganz und gar verkehrte Art, all unsere Verdorbenheit, Lieblosigkeit und unseren Hochmut. Da vergehen uns unsere Illusionen von einem philosophischen oder ästhetischen Christentum, da wird man aller Phrasen überdrüssig.

Das Blut Christi ist uns nun nicht mehr Torheit und Ärgernis, denn jetzt sehen wir die Welt in einem neuen Licht: im Licht von Golgatha. Das Kreuz Christi wird nun unser einziger Zufluchts- und Bergungsort, denn hier nur finden wir Erlösung, Heil und Frieden. In dem Augenblick, in dem wir dies erkennen, entsteht eine neue, einzigartige Lebensverbindung mit dem ewigen Gott, und in unserem Herzen erwacht ein Heimweh, ein heiliges Sehnen, unaufhörlich mit dem Herrn verbunden zu sein.

Heimweh nach dem Mann der Schmerzen,
Der die Bande für uns trug,
Und in dessen treuem Herzen
Liebe nur um Liebe schlug.

Heimweh nach dem Gotteslamme,
Das für uns geschlachtet ward
Und – erblaßt am Kreuzesstamme –
Ostern hielt und Himmelfahrt.

4. Was sind die Folgen dieser Erlösung?

Auswirkungen der Erlösung gibt es unendlich viele. Ich will hier nur einige nennen: Wenn wir Gott erkauft sind, dann hat der Teufel kein Anrecht mehr an uns. Wir sind dann rechtmäßig von all dem Jammer der Sünde und des Todes erlöst. «Tod, wo ist dein Stachel, Hölle, wo ist dein Sieg?» konnte Paulus triumphierend ausrufen. Die Sünde darf uns nicht mehr beherrschen, das Gesetz uns nicht mehr verdammen, denn wir gehören ganz unserem Gott. Wir sind wahrhaft frei, kein Teufel und kein Dämon kann uns halten! Nimm doch diese Freiheit an und entfliehe dem Zorn und dem Verderben der Hölle! Tue es doch jetzt, in diesem Augenblick! Beuge dich vor Christus und rufe ihn an. Er wird dich sofort annehmen, wenn du nur willst!

Du bist Gott erkauft. Welch ein großes Wort! Keinem andern gehörst du mit Leib und Seele, Hab und Gut, als allein deinem Gott. Er allein hat einen rechtmäßigen Anspruch auf uns. Gottes Eigentum zu sein für Zeit und Ewigkeit – welch ein köstliches Vorrecht! Darin liegt dein wahrer Adel und daraus allein fließt dir Herrlichkeit zu. Du gehörst Gott. Denke doch nur einmal über diese Gnade nach! Deine Vergangenheit mit all dem Bösen und aller Sünde gehört Gott. Du selbst würdest nie mit ihr fertig – aber Gott ist schon lange mit ihr fertiggeworden durch die Heilstat auf Golgatha. Überlaß ihm vertrauensvoll deine ganze Sündengeschichte. Wenn dich dein Herz verdammt – Gott ist größer als dein Herz!

Aber auch deine Gegenwart gehört ihm und kann völlig verändert werden. Er sorgt für dich. Du bist ja sein und darfst mit allem, was dich beschäftigt, zu ihm kommen. Er hat eine Aufgabe für dich, durch die du ihm dienen darfst und durch die dein Leben reich wird. Brot wird dir nicht mangeln, und auch Wasser wird er dir reichlich geben. Seine Gnade reicht vollkommen aus. Selbst deine Zukunft liegt in seinen guten Händen.

Gott versorgt dich in Zeit und Ewigkeit. Er wird dich einst untadelig vor den Thron seiner Herrlichkeit stellen. Überlaß ihm alles, auch die Verantwortung. Er heißt Kraft-Held, und sein starker Arm wird dich für ewig halten.

Gott erkauft sein, das heißt, alles, was deine Person ausmacht, gehört ihm. Deine Gesundheit und deine Fähigkeiten, deine Gaben und Kräfte, deine Zeit und Ewigkeit, deine Familie, dein Geld und dein Besitz – alles gehört Gott. Du darfst mit dir und deinen anvertrauten Gütern nicht machen, was du willst! Du bist nur Haushalter, nicht Eigentümer. Diese Abhängigkeit erst bringt dir wahre Freiheit und echtes Glück, denn du lebst jetzt nicht mehr orientierungslos für dich, sondern für Gott!

Erkauft mit dem *Blut Christi* – das ist ein Kaufpreis, dem kein anderer gleichkommt. Nicht mit Gold und Silber hat Christus bezahlt, nein, sein Blut gab er als Lösegeld. Wie heilig ist dieser Preis! Es ist daher selbstverständlich, daß dem Herrn unser ganzes Leben gehört, denn er hat sein ganzes Leben geopfert, um den hohen Preis bezahlen zu können.

Erst wenn wir dieses alles erkannt haben, verstehen wir den Gesang jener vollendeten Gerechten vor dem Thron Gottes in seiner ganzen Tiefe. Wir folgen in Ehrerbietung ihrem Beispiel und fallen nieder vor dem Lamm, das auf dem Thron sitzt. Von ganzem Herzen stimmen wir ein in den Lobgesang: «Du bist würdig, denn du bist erwürgt und hast uns Gott erkauft mit deinem Blut. Für dich wollen wir leben, und in dir wollen wir sterben. Wir weihen uns dir für alle Zeiten, denn dein Blut hat uns für Gott erkauft.»

Vergebung durch das Blut Christi

«Das Blut Jesu Christi, des Sohnes Gottes, macht uns rein von aller Sünde» (1. Joh. 1,7).

«Wieviel mehr wird dann das Blut Christi, der sich selbst als ein Opfer ohne Fehl durch den ewigen Geist Gott dargebracht hat, unser Gewissen reinigen von den toten Werken!» (Hebr. 9,14)

Was für ein großartiges Angebot: Durch das Blut Christi will Gott uns reinigen von unserer Sünde und unser Gewissen befreien von allen toten Werken. Manch einer wird sich zwar fragen:

1. Brauche ich überhaupt Sündenvergebung?

Darauf gibt es nur eine Antwort: Ja, auch du hast die Vergebung bitter nötig! Kein Mensch kann ohne Vergebung auskommen. Aber leider macht sich nur der auf, Vergebung zu suchen, der in Gewissensnot geraten ist. Solange wir bewußt in der Finsternis leben, beunruhigen uns unsere Sünden zumeist wenig. Erst wenn wir uns wirklich Gott nahen möchten, ihn suchen, weil wir mit unserem Leben nicht mehr fertig werden, erst dann merken wir, wie unglücklich wir im Grunde die ganze Zeit waren.
Lieber Freund, geht es dir nicht auch so? Gehörst du nicht auch zu denen, deren Gewissen erwacht ist? Vielleicht klagst auch du verzweifelt: «Meine Sünden! Meine Schuld!» Kaum, daß du noch Ruhe findest, weder bei Tag noch bei Nacht. Gott hat dich mit seinem ewigen Licht durchstrahlt und deinem Auge enthüllt, welch ein schrecklicher Abgrund von Sünden dich von dem heiligen Gott trennt. Du erkennst wie ein Paulus, daß in dir nichts Gutes wohnt, daß du durch und durch schlecht bist. Deine

traurige Vergangenheit steht gegen dich auf und klagt dich an. Du siehst keinen Ausweg mehr, nur den geöffneten Abgrund!

Mit Donnerstimme verkündet dir dein erwachtes Gewissen Gericht, Tod und Hölle. Keine deiner Missetaten kannst du verbergen, dein Gewissen verschweigt sie dir nicht. Finstere Stimmen flüstern dir ein: «Du hast es zu arg getrieben, du bist ein zu großer Sünder, du kannst nicht mehr auf Gnade hoffen!» Vielleicht jagen dir sogar Selbstmordgedanken durch den Kopf, denn du spürst die innere Auflehnung des natürlichen Menschen gegen Gott. Böse Gedanken plagen dich. Tränen sind deine Speise, Klagen dein Lied, Seufzen und Angstgeschrei sind dein Gebet geworden, und dich bewegt nur noch eine Frage:

2. Wie bekomme ich Vergebung?

Hier endlich tritt dir Gott entgegen und offenbart dir das Geheimnis aller Geheimnisse, ein nicht zu begreifendes Wunder: Blicke auf Golgatha, sieh ans Kreuz! Dort hängt einer, der um deiner Übertretungen willen durchbohrt wurde, zerschlagen wegen deiner Missetaten, einer, der deine Sünde am eigenen Leib büßte durch den schrecklichen Tod am Fluchholz – damit du freigesprochen werden kannst und durch ihn der Sünde abstirbst, um fortan aus seiner Gerechtigkeit zu leben.

Von seinem Haupt, von Füß' und Hand
Strömt Schmerz und Liebe im Verein,
Ob je man solche Liebe fand,
Solch Herrscherglanz in Dornenpein!

Welch ein Anblick! Hier ist ein über alle Maßen Mächtiger, ein gewaltiger Herrscher, und doch: entstellt, zerschlagen und blutend hängt er am Fluchholz. Gott selbst war in Christus. Er hat den, der von keiner Sünde wußte, für uns zur Sünde gemacht, damit wir in ihm die Gerechtigkeit Gottes erlangen können. Bist du fähig, das zu begreifen? Wir sind durch das Leiden, Bluten und Sterben Christi mit Gott versöhnt! Das Blut Jesu Christi ist die Vergebung unserer Sünden.

O Abgrund, welcher alle Sünden
Durch Christi Tod verschlungen hat!
Das heißt die Wunden recht verbinden;
Hier findet kein Verdammen statt,
Weil Christi Blut beständig schreit:
Barmherzigkeit, Barmherzigkeit!

Jesu Blut vermag selbst den bösesten Schaden wiedergutzumachen! Nimm dieses Opfer im Glauben an, und es wird alle deine Sünden und Untaten auslöschen, deine tiefen Wunden heilen und dein unreines Herz reinigen, dein dich verklagendes Gewissen zur Ruhe bringen, all deine Lästergedanken vertreiben und dich sämtliche Angriffe Satans überwinden lassen.

Kannst du nicht glauben, daß dich Christi Blut von all deinen Blutschulden erlöst hat, die dich jetzt in den Abgrund der Verzweiflung und des Todes stürzen wollen? Wage es doch und übergib dein armseliges Leben dem Herrn Jesus Christus. Bekenne ihm alle deine Sünden, verschweige ihm nichts, bemäntle und beschönige auch nichts. Er kennt ja dein ganzes Leben durch und durch, und selbst was vor Menschenaugen verborgen ist, hat er längst gesehen. Vor ihm bist du wie ein aufgeschlagenes Buch. Nenne ihm deshalb aufrichtig all deine Schuld, und du wirst erfahren, was schon David erleben durfte: «Darum bekannte ich dir meine Sünde, und meine Schuld verhehlte ich nicht. Ich sprach: Ich will dem Herrn meine Übertretungen bekennen. Da vergabst du mir die Schuld meiner Sünden» (Ps. 32,5).

Ja, das Blut Christi vermag das Gewissen zu reinigen. Es bewirkt, daß man seine Sünden für immer los wird und läßt den Ankläger verstummen. Dazu mußt du allerdings vorbehaltlos dem glauben, was Gott dir in seinem Wort zusagt. Du mußt Gott völlig vertrauen. Durch ein Bekenntnis deiner Sünden allein erlangst du noch keinen Frieden (obwohl dies den Weg dazu bahnt), erst durch deinen Glauben an die Erlösungstat Jesu wird er dir zuteil. «Jeden Menschen umgibt die Vergebung, wie die Luft ihn umgibt, sie schwebt über jedem», sagte der bekannte Gottesmann Emil Steinberger. Aber erst durch den Glauben vermag der Sünder diese Gnade zu erkennen und anzunehmen.

Gott hat auch in dich die Fähigkeit gelegt, zu glauben, und deshalb gibt es keine Entschuldigung für dich, wenn du dich weigerst, dein Gewissen durch das Blut Jesu Christi reinigen zu lassen. Du darfst nicht behaupten, du könnest nicht glauben. Das ist die größte Lüge, ja eine Einflüsterung der Hölle. Verschließe doch Herz und Ohr für alle diese fremden, finsteren Stimmen! Du hast als Kind den Worten deines Vaters und deiner Mutter geglaubt, du vertraust heute deinen Freunden, ja du nimmst gern jede Zeitungsnotiz für bare Münze – aber was Christus dir sagt, das willst du nicht glauben?

Ist es wirklich so schwer, jemandem zu glauben, der sein Blut und Leben für dich und mich hingegeben hat? Kann uns der Herr noch einen größeren Beweis seiner Liebe geben? Erkennst du nicht, wie schrecklich es ist, im Unglauben von dieser Welt gehen zu müssen? In der Hölle wirst du es einmal für alle Zeiten nicht fassen können, daß du dem, der dir Vergebung durch sein Blut anbot, nicht geglaubt, sondern ihn von dir gestoßen hast. Darum bitte ich dich nochmals eindringlich: Gib deinem Unglauben den Todesstoß durch eine klare Übergabe deines Lebens an Jesus Christus!

3. Was sind die Folgen der Vergebung?

Das Wort «vergeben» bedeutet nichts anderes als «erlassen». Vergebung darf aber nicht verwechselt werden mit einem Übersehen des Unrechts, in dem Sinne, daß man nicht mehr darüber spricht. Wahre Vergebung ist mehr: Sie will «frei machen», «Freiheit erzeugen». Wenn dir deine Sünden vergeben sind, dann bist du frei von ihnen und all ihren unheilvollen Auswirkungen. Vergebung ist nicht nur ein Erlassen der Strafe, die durch Sünde verdient war, nein, Vergebung bedeutet Erlösung von Schuld, Macht und Gegenwart der Sünde.

Wo die Sünde wahrhaft vergeben werden konnte, da zieht Leben und Seligkeit ein. Unweigerlich folgt der Vergebung das Streben nach Heiligung, die nichts anderes will, als dem neuen Leben in uns immer mehr Raum verschaffen.

Wenn deshalb ein echtes Heiligungsstreben fehlt, dann mangelt es irgendwo an Vergebung. Dann haben wir noch nicht alle

Sünden bekannt und kompromißlos mit ihnen gebrochen. Wie ernst ist doch dieser Zusammenhang! Prüfe dich selbst, dann wirst du bald sehen, wie es hier um dich steht!

Wirklich erlebte und angenommene Vergebung hat stets eine doppelte Wirkung: Sie ermöglicht, daß Gott sich einem Menschen offenbart und schafft dadurch neues Leben. Gott selbst tritt in den Gesichtskreis des Begnadigten und schenkt ihm durch den heiligen Geist Anteil an seiner Herrlichkeit. Alle echten Gotteskinder haben diese Erfahrung machen dürfen. In dem Augenblick, in dem einem Sünder klar wird, daß Gott ihm seine Sünden vergeben hat, erwacht in ihm eine ganz neue Gotteserkenntnis. Wenn vorher galt: «Eure Verschuldungen scheiden euch von eurem Gott, und eure Sünden verbergen sein Angesicht vor euch» (Jes. 59,2), so darf der Begnadigte jetzt erleben, wie diese Scheidewand zwischen ihm und Gott verschwindet. Der ferne, strafende Gott wird zum liebenden Vater, dessen Angesicht gnädig über seinem Kind leuchtet.

Diese Nähe Gottes, die dem Bewußtsein der Sündenvergebung folgt, bringt unweigerlich eine totale Neuausrichtung unseres Lebens mit sich. Sie wird zur Quelle der Heiligung, zur Triebfeder echter Liebe und der Hinwendung zum Nächsten. Aus ihr wächst das Verlangen, für Gott in dieser Welt wirken zu dürfen. Die Erkenntnis, daß Gott Liebe ist und den Sünder unendlich liebt, weckt im Begnadigten die Gegenliebe, die nun für Zeit und Ewigkeit zur bewegenden Kraft seines Lebens werden darf.

Vergebung der Sünden, das ist die Grundlage des Evangeliums und die eigentliche Botschaft, die die Kirche im Namen des gekreuzigten und auferstandenen Herrn dieser Welt zu verkündigen hat. Keine andere Religion bietet dem Menschen Vergleichbares an. Komm doch auch du und nimm das Blut Christi an zur Vergebung deiner Sünden! Ruhe nicht eher, als bis auch du sagen kannst: «Ich danke dir, mein Gott, daß du mir alle meine Sünden vergeben hast!»

Reinigung durch das Blut Christi

«... und haben ihre Kleider gewaschen und sie weiß gemacht im Blut des Lammes. Deshalb sind sie vor dem Throne Gottes und dienen ihm Tag und Nacht in seinem Tempel» (Offb. 7,14.15).

Je mehr wir im Licht und in der Gegenwart Gottes wandeln, desto mehr entdecken wir in uns Unreinheit. Unser Herz wird beseelt von dem Willen, von allen Sünden frei zu werden. Wir sehnen uns nach Reinigung von aller Befleckung des Fleisches und des Geistes (2. Kor. 7,1), denn wir wissen: Nur so kann unsere Heiligung zur Vollendung kommen, und nur so dürfen wir einmal vor Gott treten. Nur Gereinigte haben Zutritt bei ihm. Deshalb ist die Frage so wichtig:

1. Was heißt eigentlich Reinigung?

Wenn die Bibel das Wort «Reinigung» gebraucht, so meint sie damit die Entfernung von Schuld, von jeglichem Sündenschmutz. Alles, was frei ist von unsauberen Zusätzen und Elementen, das ist wahrhaft gereinigt. Es ist unvermischt und lauter geworden, wie die Schrift sagt (siehe Matth. 5,8; Apg. 15,9; Joh. 13,10; 15,3).

Wenn wir in Joh. 11,55 lesen: «Viele Juden zogen hinauf nach Jerusalem vor dem Passah, um sich zu reinigen», so weist das darauf hin, daß sich in ihrem Inneren im zurückliegenden Jahr viel Unrat und Schmutz hat ablagern können. Wenn man aber Gott dienen will, muß man erst durch sein Blut gereinigt sein. Immer wieder mahnten deshalb die Propheten Gottes Volk: «Reinigt euch, die ihr des Herrn Geräte tragt!» (Jes. 52,11)

Wie aber werden wir rein von all unserer Sünde? – Einzig und allein durch das Blut Jesu Christi! Lieber Leser, verstehst du das? Es heißt nicht: Das Blut hilft zur Reinigung; nein, es *macht* rein. Es heißt auch nicht: Es ermuntert uns zur Reinigung; nein, es *macht* uns rein – durch seine Kraft. Das Blut Christi ist auch nicht gleichzusetzen mit dem beispielhaften Vorbild des Lebens Jesu, dem es nachzujagen gilt. Es heißt schließlich nirgends: Das Beispiel Jesu macht rein; nein und abermals nein! *Sein Blut allein* macht rein von aller Sünde. Deine Bekehrung, dein ernstes Streben nach Gottseligkeit, deine Gewissenhaftigkeit, all das macht dich nicht rein, *nur das Blut Jesu Christi,* des Sohnes Gottes, macht dich rein von jeder Sünde.

2. Warum mußte die Reinigung durch Blut geschehen?

In 3. Mose 16,18–19 lesen wir die Anordnung, daß der Altar durch Blut von Opfertieren *gereinigt* werden mußte, damit er für den Dienst Gottes geweiht werden konnte. Und in 2. Mose 29,37 heißt es: «Sieben Tage sollst du den Altar entsühnen, daß er heilig sei.» In der griechischen Übersetzung des Alten Testaments, der Septuaginta, die schon von den Aposteln gebraucht wurde, ist das Wort «entsühnen» zutreffend mit «reinigen» übersetzt. Wir merken daran, daß «reinigen» und «entsühnen» im biblischen Sprachgebrauch so sinnverwandt sind, daß sie wechselseitig verwendet werden können.

Die «Reinigung» bzw. «Sühne» wird durch die Darbringung eines blutigen Opfers vollzogen. Sühne ist also das Mittel, durch das die Schuld entfernt wird. Reinigung ist erst da vorhanden, wo Sühne für die Schuld geschehen ist. In Josua 22, 17 beispielsweise wird dies deutlich, wenn es heißt: «Wir haben uns bis auf den heutigen Tag noch nicht *gereinigt* von der Verschuldung wegen Baal-Peor.» Israel hatte durch seine Beteiligung an den Götzenfesten der Midianiter Schuld auf sich geladen und sollte diese Schuld sühnen, indem es an den Midianitern den Bann vollstreckte. Diese Sühne aber war noch nicht geschehen.

Jesja 6,7 formuliert wörtlich: «Die Schuld ist fort und die Sünde gesühnt.» Das «gesühnt» wird in der griechischen Übersetzung der Sepuaginta wiederum mit «gereinigt» wiedergegeben. «Gereinigt» heißt also nichts anderes, als daß die Schuld, die von der Gemeinschaft mit dem heiligen Gott ausschloß, gesühnt ist. In 4. Mose 8,7 lesen wir: «Besprenge sie mit Wasser zur Entsündigung. Sie sollen sich so reinigen.» Das Wasser zur Entsündigung sollte sie gleichsam symbolisch reinigen. Es gibt aber im ganzen Alten Testament keine «Reinigung» ohne Sühne, und diese wiederum geschieht nur durch das Blut eines Opfers.

Einmal im Jahr, am großen Versöhnungstag, ging der Hohepriester ins Allerheiligste, um mit dem Blut eines Opfertieres die Sünden des Volkes zu sühnen: «An diesem Tag geschieht eure Entsühnung, daß ihr *gereinigt* werdet; von allen euren Sünden werdet ihr *gereinigt* vor dem Herrn» (3. Mose 16,30). Erst wo diese Reinigung durch das Blut geschehen ist, da folgt die Weihe und die Heiligung. Wo aber Blut ist, muß auch ein Opfer sein. Durch die Darbringung des Opfers wird die Sünde gesühnt und der Sünder von seiner Schuld befreit, die sonst Gottes Zorngericht zur Folge hätte. Erst danach ist ein Mensch dem Herrn geweiht und fähig, ihm zu dienen.

Bei all dem müssen wir jedoch bedenken, daß es stets Gott ist, der die Sühne schafft und der *reinigt.* Nur insofern, als der Sünder das im Glauben annimmt, was Gott ihm anbietet, wird auch von ihm gesagt, daß er sich reinigt (Joh. 11,55). Die Juden zogen hinauf zum Tempel, um sich zu reinigen, eigentlich um sich reinigen zu lassen durch das Opfer, das für sie dargebracht wurde. Wir heute hingegen empfangen Reinigung durch das Blut des einmalig dargebrachten und für alle Zeiten gültigen großen Opfers, das uns Gott in seinem Sohn gegeben hat.

Durch das Blut Christi wird aber nicht nur die Schuld gesühnt, sondern, nachdem wir Gott unsere Sünden offen bekannt haben, auch jegliches Sünden- und Schuldbewußtsein aus unserem Herzen entfernt. Dies zu beachten, ist sehr wichtig: Die Reinigung durch das Blut Christi geht tiefer als die Reinigung im Alten Bund. Durch das Opfer des Neuen Bundes wird nicht nur die Schuld getilgt, sondern durch den Glauben auch das Schuldbewußtsein aus dem Herzen weggenommen. So lesen wir in Hebr. 9,14: «Das Blut Christi wird unser Gewissen reinigen», während die früheren Opfer «den im Gewissen nicht vollkommen machen» konnten, der sie seinem Gott darbrachte (Hebr. 9,9; 10,1.2).

All diese Tieropfer waren nur ein Abbild des eigentlichen, wahren Opfers, das am Kreuz vollbracht wurde. Hebr. 10,11 drückt dies klar aus: «Jeder Priester versieht Tag für Tag seinen Dienst und bringt immer wieder die gleichen Opfer dar, *die doch niemals die Sünden wegnehmen können.»* Diese Opfer waren gleichsam nur ein «Provisorium». Letzte Gültigkeit erhielten sie erst durch das Geschehen auf Golgatha, denn um uns wahrhaft mit Gott zu versöhnen, hätten Tieropfer allein niemals genügen können. Jetzt hingegen darf jeder, der die Tilgung seiner Sündenschuld durch Jesu Tod im Glauben annimmt, eingehen in das Heiligtum und mit seinem Gott in eine Lebensverbindung treten, die für Zeit und Ewigkeit dauern wird.

3. Wie erfährt man diese Reinigung von allen Sünden?

Es ist so unglaublich einfach, daß wir komplizierten Menschen Mühe haben, es zu begreifen: Diese Gnade wird uns in dem Augenblick zuteil, wo wir Gott unsere Sünden bekennen und seinem Wort vertrauend das Blut Jesu Christi als unsere Reinigung annehmen. Du brauchst keine Minute länger in deiner Sünde zu verharren. Komm mit all deinen Befleckungen und Gebundenheiten! Heute noch sollst du die Kraft des Blutes erfahren. Das göttliche Reinigungswasser löst dich von all deinem Schmutz. Das ist die frohe Botschaft des Evangeliums für dich:

Es ist vollbracht! O wunderbarer Trost
Für eine sündenmüde, stille Schar,
Die sich aus fernster Zeit, aus Nord und Ost
Hier sammelt um des Kreuzes Brandaltar.
Das große Werk, darob der Seraph staunt,
Es ist hinausgeführt mit Ruhm.
Ob des Gesetzes Stimme raunt,
Wer glaubt, ist Christi Eigentum,
Wer glaubt, dem schon der Himmel lacht:
Es ist vollbracht!

Das Kreuz mit dem Blut Christi

«Denn es hat Gott gefallen, ... durch ihn alles zu versöhnen mit Gott, ... indem er Frieden machte durch sein Blut am Kreuz» (Kol. 1,20).

Mit dem Kreuz hat Gott die ganze Weltgeschichte in aller Deutlichkeit durchgestrichen. Das Kreuz ist sein klares Nein zu allen selbstgemachten menschlichen Idealen und Lebensanschauungen, ja zu jeder Form von Eigenleben, zu allem, was nicht von ihm ausgegangen ist. Das Kreuz wirft seinen mächtigen Schatten über die Vergangenheit, Gegenwart und Zukunft aller menschlichen Existenz. Durch den Tod Christi an diesem Kreuz aber wurde es zugleich zum Ausgangspunkt unserer Erlösung, zum Inbegriff aller Hoffnung und allen göttlichen Ruhms, zur Segensquelle, aus der uns die Kraft seines heiligen Lebens zufließt. Im Kreuz konzentrieren sich alle Todeskräfte zur Vernichtung des von Gott abgefallenen Eigenlebens und alle Auferstehungskräfte zum Aufbau der neuen Schöpfung in Christus.

Woher hat das Kreuz seine einzigartige Kraft? Die Antwort lautet: vom Blut Christi. Deshalb sagt die Schrift: «Er machte Frieden durch sein Blut am Kreuz.» Das Blut und das Kreuz sind untrennbar miteinander verbunden. Das Blut floß am Kreuz, es zeugt vom Kreuz und führt zum Kreuz hin. Das Kreuz aber hat seine Erlösungskraft allein durch das Blut.

Um das Geheimnis des Kreuzes besser verstehen zu können, müssen wir uns am Vorbild des Kreuzes orientieren: dem Altar des Alten Bundes. Dieser Zusammenhang geht aus dem Hebräerbrief hervor. Der Schreiber erklärt dort: «Wir haben einen Altar» (Hebr. 13,10). Auch unter den ewigen Realitäten des Himmels wird einmal ein Altar zu finden sein (Offb. 8,3–5); und schon in alttestamentlicher Zeit hatte der Altar die Verheißung: «Was mit dem Altar in Berührung kommt, das wird heilig» (2. Mose 29,37).

Mose und Aaron reinigten und weihten den Altar mit dem Blut des Sündopfers: «Mose nahm das Blut und tat es mit seinem Finger ringsum auf die Hörner des Altars und entsündigte den Altar und goß das Blut an den Fuß des Altars und weihte ihn, indem er ihn entsühnte» (3. Mose 8,15). Durch das Blut wurde der Altar Gott geheiligt. Diese Heiligkeit war so groß, daß alles geheiligt wurde, was mit dem Altar in Berührung kam.

Genauso verhält es sich mit dem Kreuz Christi. Das Blut des Gotteslammes floß über das Kreuz. Erkennst du jetzt die Bedeutung des Wortes: «Das Blut an seinem Kreuz»? Durch das Blut Christi wurde aus dem Fluchholz ein *Allerheiligstes,* das Macht hat, uns ein für allemal zu heiligen (Hebr. 10,10). Welch eine wunderbare und leider nur zu oft nicht verstandene Tatsache! Eine echte Bekehrung bringt den Sünder stets mit dem Kreuz zusammen. Hier am Kreuz, durch das Blut und den Tod Jesu, muß all unser selbstisches Eigenleben sterben, all unser Sündenwesen zugrunde gehen. Hier wird zur Tatsache: «Ich bin mit Christus gekreuzigt» (Gal. 2,19). «Alle, die Christus angehören, haben ihr Fleisch gekreuzigt samt den Lüsten und Begierden» (Gal. 5,24). Paulus erklärt mit ganzer Entschiedenheit: «Von mir aber sei es fern, mich einer andern Sache zu rühmen, als allein des Kreuzes unseres Herrn Jesus Christus, durch den mir die Welt gekreuzigt ist und ich der Welt» (Gal. 6,14).

Der mit Christus Gekreuzigte erfährt, daß Jesu Tod am Kreuz die Kraft hat, auch unser altes, sündiges Leben dem Tode zu unterwerfen. Alle Lüste und Begierden müssen hier sterben: «So tötet nun die Glieder, die auf Erden sind, Unzucht, Unreinheit, Leidenschaft, böse Begierde, Habsucht!» (Kol. 3,5). Alle Wünsche und Gedanken, deren Quelle nicht in Gott liegt, erleiden hier den Todesstoß. Das Kreuz wird zum Gerichtsort: An allen ungöttlichen Wesenszügen, ja an unserer ganzen gefallenen Natur wird hier das Todesurteil vollstreckt. Unser Innerstes wird umgestaltet in das Todesantlitz des sterbenden Gottessohnes, wir werden seinem Tode ähnlich (Phil. 3,10). Was eigenes Ringen und Kämpfen nicht fertigbrachte – das Blut am Kreuz vermag es! Dank sei Gott dafür! In alle Ewigkeit sei sein Name gepriesen für dieses Wunder der Befreiung!

Doch dies ist nur die eine Seite des Segens, der vom Kreuz ausgeht. Unter dem Kreuz verlieren wir nicht nur etwas, sondern wir empfangen auch etwas Neues! Das Blut am Kreuz tötet nicht nur, es macht auch lebendig. Es offenbart nicht nur Todeskraft, sondern vermittelt uns auch die «Kraft seiner Auferstehung». Gott hat Christus «durch das Blut des ewigen Bundes von den Toten heraufgeführt» (Hebr. 13,20). Wenn wir uns willig mit in Jesu Tod hineinnehmen lassen, dann wird uns auch die Kraft seines Auferstehungslebens zuteil: «Wir sind also mit ihm begraben ... in den Tod, damit – wie Christus durch die Herrlichkeit des Vaters von den Toten auferweckt worden ist – auch wir in einem neuen Leben wandeln. Denn wenn wir mit dem Abbild seines Todes zusammengewachsen sind, dann werden wir es auch mit dem seiner Auferstehung sein» (Röm. 6,4.5).

Durch das Blut am Kreuz ist uns göttliche Kraft und alles geschenkt, was zum Leben und zur Gottseligkeit dient (2. Petr. 1,3). Alles Klagen über die Kraftlosigkeit deines Glaubens muß augenblicklich verstummen, wenn du erkennst, welch eine Kraft dir durch das Blut Jesu Christi am Kreuz zuteil geworden ist. Doch, wie viele suchen diese Kraft durch seelische Hochgefühle zu erlangen, durch besondere Erlebnisse oder spektakuläre Versammlungen! Sie warten auf ein neues Pfingsten, das nie mehr kommt, und gehen dabei an der Kraft des Kreuzes vorüber. Du aber, lieber Leser, sollst nicht so handeln! Suche vielmehr die Gemeinschaft des Kreuzes, und du wirst mehr finden, als du zu begreifen oder fassen vermagst!

Leider wollen heute viele diesen Weg nicht mehr gehen, denn er ist ihnen zu unbequem. Ist doch das Kreuz die Hinrichtungsstätte für unser eigenes Ich, ein Ort des Todes, wo es heißt: «Du mußt sterben!» Sterben aber – nein, das will man nicht! Man will das Heiligungsleben zu einem billigeren Preis bekommen. Fasten, den Leib kasteien, Tag und Nacht um Kraft und eine besondere «Geistestaufe» schreien, sich in einen abnormen, überspannten Gemütszustand hineinsteigern, das ist einem lieber, das scheint ein günstigerer Preis zu sein. Da kann man sein Eigenleben retten und doch fromm sein! Welch ein Betrug Satans! Doch die Folgen solcher Kreuzesflucht sind schrecklich. Wir brauchen sie gar nicht erst beim Namen zu nennen. Für den, dessen Blick vom Herrn geschärft wurde, sind sie offensichtlich: Sie zeigen sich im unbestechlichen, durchdringenden Licht des heiligen Wortes Gottes sehr klar.

Darum, werde doch willig, ganz unter dem Kreuz zu leben und es für immer als deinen Aufenthaltsort zu wählen. Es ist der einzige Ort, wo du in jedem Augenblick deines Lebens Gemeinschaft mit dem gekreuzigten Jesus hast. Es ist der einzige Weg, der durch den Vorhang führt, hinein ins Heiligtum (Hebr. 10,19) der Gegenwart Gottes. Allein unter dem Kreuz werden Liebe und Freude vollkommen, und der Heilige Geist übernimmt endlich die uneingeschränkte Herrschaft über dein allzeit widerstrebendes Ich. Nur so aber kannst du eingehen in die Ruhe Gottes, nur so wirst du von allem Übel geheilt.

Mit Jesus Mitgekreuzigte sind heilig dem Herrn, denn der Altar heiligt die Gabe. Hier liegt der Schlüssel zu jeglichem Heiligungsleben. Am Kreuz werden unsere Leiber ein lebendiges, *heiliges,* Gott wohlgefälliges Opfer. Hier hört alle menschliche Eigenleistung und aller Eigenruhm auf, denn nicht durch eigenes Ringen, Laufen und Arbeiten, sondern durch Gottes Erbarmen, durch das Blut am Kreuz, geschieht die entscheidende Neuschöpfung.

Allein die Gemeinschaft mit den Todes- und Auferstehungskräften des Kreuzes bringt uns zu einem Leben der Ruhe, des Sieges und der innigen Gemeinschaft mit Gott. Lieber Leser, vergiß es keinen Augenblick: Wir haben einen Altar! Gib dich selbst hin auf diesen Altar, und du bist hochheilig dem Herrn.

In der Gegenwart Gottes durch das Blut Christi

«So haben wir nun, liebe Brüder, die Zuversicht, daß uns der Eingang ins Allerheiligste durch Jesu Blut geöffnet ist. Darum lasset uns Gott nahen, mit aufrichtigem Herzen in voller Glaubenszuversicht» (Hebr. 10,19.22 n.d. Übers. v. Albrecht).

In allen wahrhaft Gläubigen schlummert der sehnsüchtige Wunsch, den Berg des Herrn zu besteigen und in seinem Heiligtum wohnen zu dürfen (Ps. 24,3). Gott selbst hat dieses Verlangen in uns hineingelegt, denn wir sind sein Volk. Er spricht: «Ich will unter ihnen wohnen und unter ihnen wandeln und will ihr Gott sein, und sie sollen mein Volk sein» (3. Mose 26,11.12; Hes. 37,27; 2. Kor. 6,16). Die Sünde aber hat diese herzliche, innige Gemeinschaft zwischen Gott und uns zerstört, und erst Christus hat mit seinem teuren Blut den Weg «durch den Vorhang» (das ist sein Fleisch) neu gebahnt. Durch das Blut Jesu haben wir wieder Freudigkeit und Freimut, ins Allerheiligste hineinzugehen und uns Gott zu nahen. Welch ein köstliches Vorrecht!

Das Heiligtum ist die Wohnung des Höchsten, der Ort, da Gott mit seiner ganzen Fülle und Herrlichkeit wohnt und wo auch du und ich Leben, Ruhe, Erquickung und volle Genüge finden können. Paulus nennt diesen heiligen Ort im Epheserbrief «das Himmlische» oder «die himmlischen Sphären». Dort, in diesen himmlischen Sphären ist die Quelle allen geistlichen Segens (Eph. 1,3). Dort steht der Herrscherthron Christi, «hoch über jedem Fürstentum, Gewalt und Macht, Herrschaft und jedem Namen, der genannt wird» (Eph. 1,20.21). Es ist die Stätte, an die wir mit Christus versetzt sind (Eph. 2,6), «damit den Mächten und Gewalten im Himmel die mannigfaltige Weisheit Gottes kundgetan wird» (Eph. 3,10).

Zu diesem heiligen himmlischen Ort haben wir nun durch

Christus Zutritt. Wir sollen deshalb nicht nur singen: «Gott ist gegenwärtig, lasset uns anbeten», sondern auch wahrhaftig in der Gegenwart Gottes leben und wandeln. Mit unserem Herzensauge sollen wir den Herrn schauen, unser inneres Ohr soll seine Stimme hören, und unser Wesen soll Beugung und Anbetung sein. Sag selbst: Was fehlt uns denn noch zum Priesterdienst? Nichts, aber auch wirklich nichts! Wir haben alles und sind in Wahrheit Priester Gottes, des Höchsten. Unsere Kleider sind Priestergewänder, unsere Mahlzeiten Liebesmahle, unsere Lieder heilige Gesänge, und die tägliche Weihe zum Dienst im Reich Gottes ist das Opfer, das wir in unseren zerschlagenen Herzen bringen. Wir beten ihn an und dienen ihm zum Lobpreis seiner Herrlichkeit.

In dieses Heiligtum müssen wir eingehen, um für immer darin zu bleiben. Wir können dies wagen, weil Christi Blut uns von jeglichem Makel reinigt und uns Freudigkeit dazu verleiht. Ein gesegneter Gottesmann hat es so formuliert: «Das Blut Jesu übt eine solch wunderbare Kraft aus, daß dadurch ein Kind der Hölle Freudigkeit und Anrecht bekommt, in das göttliche Heiligtum einzugehen.» Wer jedoch das Blut Christi für unrein achtet und verächtlich von der «Blutstheologie» spricht, wird den Ruheplatz am Herzen Gottes niemals finden können.

Die früher fern waren, kommen Gott einzig und allein nahe durch das Blut Christi (Eph. 2,13). Ja, selbst für den großen Bürgen all unserer Schuld gab es ohne Blut keinen Eingang in das Heilige. Deshalb sagt der Schreiber des Hebräerbriefes: «Er ist durch sein eigenes Blut ein für allemal in das Heiligtum eingegangen und hat eine ewige Erlösung erworben» (Hebr. 9,12). Jesu Tod hat uns den Eingang ins Allerheiligste geöffnet und den Vorhang zerrissen, der uns den Zutritt verwehrte. Diese Tatsache hat Gott seinem Volk deutlich sichtbar bezeugt. Als Jesus ausrief: «Es ist vollbracht!», da riß im Tempel der Vorhang zum Allerheiligsten mitten entzwei (Matth. 27,51).

Willst du also ein Leben in der Gegenwart Gottes führen, dann vertraue rückhaltlos auf das Blut Christi! Durch seine Kraft ist alle Sünde hinweggetan, alle Übertretung bedeckt, Tod und Grab besiegt, die Hölle überwunden und die Feindschaft zwischen Gott und Mensch ein für allemal abgetan. Haben wir dies im Glauben angenommen, dann können wir es freudig wagen, uns dem heiligen Gott zu nahen. Der Cherub mit dem gezückten Flammenschwert darf uns den Zugang nicht mehr verwehren. Mit Paulus können wir jetzt jubeln: «Wer will verdammen?» – Christus ist da, um uns zu rechtfertigen! Willst nicht auch du diesen einzig möglichen Weg zur Rettung gehen? Wirf doch allen Unglauben weg und wage es, durch das Blut Christi ins Heiligtum Gottes einzutreten. Dort darfst du für immer bleiben und anbeten!

Die Segnungen des Heiligtums sind unzählbar. Da herrschen Seligkeit und ungetrübte Freude. Da ist Sieg und überschwengliche Kraft zu finden. Im Heiligtum erkennen wir die Tiefen Gottes und den Reichtum seiner Herrlichkeit. Hier herrscht die Atmosphäre, die uns in Gnade wachsen und ausreifen läßt für den Tag Christi. Hier im Heiligtum erhalten wir Wegweisung für unser eigenes Leben wie für unseren Dienst in der Gemeinde und an einer verlorenen, sterbenden Welt. In dieser Gemeinschaft mit Gott lernen wir, Beter zu werden, die beten ohne Unterlaß. Wir werden zu Priestern, die Macht bekommen zu lösen und zu binden. Hier erschließen sich uns die Geheimnisse des Himmelreichs, ja wir erhalten gar Ausblick auf unseren königlichen Dienst in der kommenden, neuen Welt.

Es ist mir nicht möglich, all die kostbaren Segnungen erschöpfend zu nennen, die uns dort erwarten. Deshalb kann ich dir nur ans Herz legen: Geh selbst ein ins Heiligtum. Dann wirst du inne: «Nicht die Hälfte hat man mir gesagt!» Wage es doch, zu ihm zu kommen! Der Herr hört das Stammeln deines müden Herzens, du brauchst gar keine großen Worte zu machen. Der Herr läßt jeden aufrichtigen und reumütigen Sünder durch das Opfer Jesu Eingang finden in seine Gemächer. Und dort wirst auch du bald jauchzen und dich an seiner Liebe freuen, «denn seine Liebe ist besser als Wein» (Hohel. 1,4). Ihm sei Ehre!

Die Besprengung durch das Blut Christi

«Ihr seid gekommen ... zu dem Mittler des neuen Bundes, Jesus, und zu dem Blut der Besprengung, das besser redet als Abels Blut» (Hebr. 12,24).
«... vorherbestimmt in der Heiligung durch den Geist zum Gehorsam und zur Besprengung mit dem Blut Jesu Christi» (1. Petr. 1,2).

1. Was hat es mit der Blutbesprengung auf sich?

Das Blut Jesu hat nicht nur die Kraft, mich von der Sünde zu lösen, sondern auch mich vor ihr zu bewahren. Das darfst auch du erfahren. «Aber davon habe ich bis heute kaum etwas bemerkt», klagst du jetzt vielleicht. «Meine Sünden sind so tief in mir verwurzelt, und außerdem bin ich von meinen Vorfahren und Eltern her durch gewisse Veranlagungen sehr stark belastet.» – Das mag wohl sein, aber dennoch bleibt die Tatsache bestehen: «Das Blut Jesu Christi macht uns rein von aller Sünde» (1. Joh. 1,7).

Ich weiß, es gibt Menschen, deren Unreinheit ist so verhärtet, daß sie sich nicht reinigen lassen, obwohl Gott sie reinigen will: «Du hast dich unrein gemacht und wurdest nicht rein von deiner Unreinheit, obwohl ich dich reinigen wollte ...» (Hes. 24,13). Gott vergleicht hier sein störrisches Volk mit einem rostigen Topf, den er dem läuternden Feuer ausgesetzt hat: «Aber so sehr der Topf glüht, will doch der starke Rost im Feuer nicht von ihm abgehen» (V.12). Ach, es ist erbärmlich, wenn das Blut Jesu diese «angebrannten Töpfe» nicht mehr reinigen kann! Da muß das Feuer des Leidens erst gehörig Schmelzarbeit tun, da muß der Zorn Gottes sich in seinem ganzen Ernst offenbaren, ehe solch ein Mensch umkehrt, um doch noch Gottes Reinigungsmittel gegen alle Sünde für sich in Anspruch zu nehmen.

Aber auch viele aufrichtige Gläubige verstehen nicht so recht, was es mit der Blutbesprengung auf sich hat. In der Seelsorge traf ich schon mit solchen zusammen, die meinten, wenn nicht jemand komme und sie mit dem Blut Jesu besprenge, wie Mose das Volk besprengt hat und wie die katholischen Priester Menschen und Gegenstände mit Weihwasser besprengen, so könnten sie nicht glauben. O heilige Einfalt!

Nein, diese Besprengung geschieht heute natürlich nicht mehr sichtbar. Erst wenn wir erkennen und bedenken, daß Christus für uns zum Hohepriester wurde, der uns vor Gott vertritt (Hebr. 5), der für uns lebt «in der Kraft des unauflöslichen Lebens», das heißt in der Kraft seines heiligen Blutes, erst dann wird die Sache für uns klar und lichtvoll. Anbetend lernen wir die große Gnade erkennen, daß Christus uns geliebt und reingewaschen hat von unseren Sünden (Offb. 1,5) und daß das Blut der Besprengung fortgesetzt wirksam ist, bis unsere Kleider hell geworden sind (Offb. 7,14). Von seiner hohen Stellung aus bemüht sich Jesus fürsorglich, treu und unablässig um seine Kinder, erzieht und verändert sie, bis er sie untadelig und ohne Fehl vor das Angesicht des Vaters stellen kann. Jakob Böhme sagte einmal: «Wenn die Seele in Gott eindringt, so wird ihr das Leiden, Sterben und Auferstehen Christi samt der Genugtuung seines Blutes verklärt. Das tötet die Sünde und führt die Seele in Christus zum Vater.»

Die Blutbesprengung ist das Werk des himmlischen Hohepriesters, unseres auferstandenen Herrn. Alle, die sich ihm mit Ehrfurcht, ja mit dem heiligen Erschauern eines Sünders nahen, erfahren die Blutbesprengung. Der heilige Geist versiegelt dieses Werk in unseren Herzen und führt uns immer wieder neu zur «Besprengung mit dem Blute Christi».

2. Wann haben wir diese Besprengung nötig?

Wenn ein Israelit einen toten Menschen, ein Gebein oder ein Grab anrührte (4. Mose 19,11.16), so hatte er sich verunreinigt und bedurfte der Besprengung mit Reinigungswasser zur Entsündigung. Dies aber war nur ein Abbild vom wahren Wesen, von der geistlichen Realität heute. Wir Kinder Gottes tragen, was unser altes Leben und den vorigen Wandel betrifft, einen toten Menschen in unserem Inneren. Unser alter Mensch, er wurde gekreuzigt mit Christus (Röm. 6,6), abgelegt (Eph. 4,22), ausgezogen (Kol. 3,9) und begraben durch die Taufe in den Tod (Röm. 6,4). «Ihr seid gestorben und euer Leben ist verborgen mit Christus in Gott» (Kol. 3,3).

Ein Kind Gottes, das in den früheren Wandel und in alte Sünden zurückfällt, rührt also gewissermaßen einen «Toten» an. Die Folge davon: Der neue Mensch wird unrein. Als Unreiner aber kann er nicht stehen vor Gott, ja er verunreinigt dadurch sogar die «Wohnung des Herrn» (4. Mose, 19.13). Zur Reinigung bedarf es deshalb der Besprengung mit dem Blut Jesu. Allein dadurch können unser Herz und Gewissen wieder gereinigt (Hebr. 9.14) und die Befleckungen des Geistes wie des Leibes beseitigt werden (2. Kor. 7,1). Ein Kind Gottes darf keine fünf Minuten lang in der Sünde leben, wenn es nicht die Verbindung zu seinem Herrn verlieren will. Es muß bei jeder Befleckung sofort unter die Besprengung des Blutes Jesu fliehen.

3. Müssen wir uns denn immer wieder beflecken und verunreinigen?

«Hört diese ‹Totengräberei› nicht endlich einmal auf?», so wird sich jetzt mancher resigniert fragen. «Ist es denn unvermeidlich, daß ich immer wieder falle und mich mit meinem toten Wesen verunreinige?» Es stimmt: wir leben in einer unreinen Welt voller Sünde und Verderben. Wir verkehren täglich mit geistlich toten Menschen, die kein Leben aus Gott in sich tragen. Wir hören andere fluchen und lästern, unsere Augen sehen all den Schmutz um uns her – müssen wir uns da nicht zwangsläufig beflecken? Die Antwort lautet: Nein und nochmals nein! – Wie aber ist Bewahrung vor all diesen Dingen möglich?

In 4. Mose 19,15 lesen wir: «Jedes offene Gefäß, auf das kein Deckel gebunden ist, wird unrein.» Also nur die offenen Gefäße werden unrein, nicht aber die mit einem Deckel verschlossenen. Gleichermaßen müssen deshalb auch wir einen «Deckel» haben, etwas was uns bedeckt, damit der Schmutz und die Unreinheit nicht in uns eindringen können. Diese Deckung aber bekommen wir einzig und allein durch die Besprengung mit dem Blut Christi.

Ich selbst verlasse nie mein Haus, fange nie mein Tagewerk an, lege mich nie zur Ruhe, mache keinen Besuch und gehe auf keine Reise, ohne daß ich mich unter die Besprengung des Blutes Christi gestellt habe. Hier liegt das Geheimnis, wie man ein Leben des Sieges über alle Sünde führen kann! Weder meine moralischen Anstrengungen noch meine ernstesten Gelübde können mich vor Sünde bewahren – sie lauert pausenlos vor meiner Herzenstür –, sondern allein das teure Blut Christi. Wer noch nicht in das Geheimnis der Blutbesprengung eingedrungen ist, der ist noch ein unreifer Schüler der Gnade. Ach, daß Gott doch jedem von uns einen Blick in das hohepriesterliche Tun Christi schenken möchte! Wir würden bestimmt bald zu einer Schar, die unablässig singt vom Sieg durch Christi Blut und Wunden.

Schauen wir noch einmal auf das gleichnishafte Vorbild im Alten Testament. Zwei Personen wurden dort besonders mit Blut besprengt:

a) Der Priester: Er wurde besprengt am rechten Ohr, am rechten Daumen und an der rechten Zehe. Dies bedeutet: das Blut beeinflußt unser Hören, Handeln und Wandeln. Wir dürfen jetzt auf Gott hören, ihm dienen und vor ihm wandeln.

b) Der Aussätzige: Vom Aussatz behaftet sein, das ist ein Bild für unsere Behaftung mit der Sünde. Wie der Aussatz beim Kranken, so sitzt uns die Sünde unheilbar in Fleisch und Blut und kann nur durch den stellvertretenden Tod eines andern von uns genommen werden. Im Alten Bund mußten für die Aussätzigen verschiedene Opfer dargebracht werden (siehe dazu 3. Mose 14, 1–14).

Wenn wir mit Blut besprengt worden sind, sollen auch wir Priesterdienst tun. Dazu sind wir von unserem Herrn erlöst und geheiligt worden. Ein Priester muß jedoch stets auf das hören, was Gott ihm sagen will. Deshalb muß sein Ohr rein sein, es darf sich nicht von fremden Stimmen verführen lassen. Unter dem Blut allein aber ist Deckung vor Gezänk, Spott und Hohn und dem ganzen Lärm der Hölle, der täglich um uns ist. Da kann das Ohr vernehmen, was der Herr im Heiligtum spricht und mit diesem Wort aus Gottes Mund einer sterbenden Welt dienen. Wer unter dem Schutz des Blutes steht, der weiß, was er beten, reden oder gar predigen soll. Ohne die Blutbesprengung jedoch bliebe unser Ohr verschlossen für das Reden des Ewigen. Wir könnten seinen Willen nicht tun und würden unweigerlich vom rechten Weg abgleiten.

Ein mit Sündenaussatz Beladener kann Gott niemals dienen. Wir alle jedoch sind von Geburt an aussätzig – vom Kopf bis zu den Füßen, durch und durch, und werden nur rein durch ein vollkommen reines Opfer: Das Opfer des Sohnes Gottes am Kreuz! Alles, sowohl um uns wie in uns, ist durch die Sünde vergiftet. Der ständige Schutz und die Besprengung durch das Blut Christi sollen und müßen uns deshalb in der Nachfolge oberstes Gebot und vornehmstes Anliegen sein.

Das Zeugnis durch das Blut Christi

«Denn drei sind es, die da zeugen: der Geist, das Wasser und das Blut» (1.Joh.5,7).

Wie wir bereits gesehen haben, führt uns allein das Opfer Jesu Christi hinein ins Allerheiligste. Ohne Blut durfte der Priester im Alten Bund das Allerheiligste im Tempel nicht betreten. Gleichermaßen heißt es auch für uns heute: «Nicht ohne Blut.»

1. Im Allerheiligsten ist das Blut unser großer Zeuge

Das für uns vergossene Blut Jesu zeugt sowohl von Gottes absoluter Heiligkeit, Wahrheit und Gerechtigkeit, als auch von seinem unendlichen Erbarmen und seiner unwandelbaren Liebe, die den Ausweg des stellvertretenden Opfers gefunden hat: Das Blut Jesu Christi bezeugt vor Gott und der ganzen unsichtbaren Welt, daß wir rechtmäßig erlöst und Erben des ewigen Lebens sind.

Die Bibel sagt: Blut ist ein Zeugnis; Blut spricht. Gewöhnlich ist es ein anklagendes Zeugnis. «Die Stimme des Blutes deines Bruders schreit zu mir von der Erde» (1.Mose 4,10), sprach Gott zu Kain. Jesu Blut hingegen «redet besser als Abels Blut». Es schreit nicht nach Rache und fordert nicht Vergeltung, sondern es ruft: «Versöhnung!» Es ist zugleich ganz besonderes Blut: nicht das Blut irgendeines Opfertieres, sondern dasjenige des sündlosen Gottessohnes. Dieses Blut bezeugt: Hier wurde ein Opfer gebracht, das makellos und vollkommen ist. Aufgrund dieses Opfers wurde dem Gesetz Genüge getan und die Rechtsforderung Gottes an eine schuldige Menschheit erfüllt. Alle Anklagen sind verstummt, nicht einmal der Teufel kann mehr Ansprüche geltend machen, wenn ein Mensch sich gläubig auf dieses Opfer beruft.

2. *Das Blut Jesu Christi ist das größte und klarste Zeugnis von Gottes ungebrochener Liebe zu uns*

Der Sohn Gottes gab sich hin als Opfer, weil er den Vater liebte und ihm gehorsam sein wollte und weil er uns Verlorene liebte. Die gleiche Liebe zu uns Sündern aber hat auch den Vater bewegt, dieses Opfer überhaupt zuzulassen, ja zu fordern. Wir wissen nicht, für wen das Opfer größer war, ob für den Vater oder für den Sohn. Wenn aber schon das mitfühlende Herz eines irdischen Vaters vor Schmerz fast zerreißt, wenn er sein Kind leiden sieht und ihm doch nicht helfen kann, ja schrecklicher noch: ihm nicht einmal helfen darf, mit welchem Schmerz muß da Gott erst *seinen* Sohn dem Leiden überlassen haben!

Die menschliche Vaterschaft ist nur ein schwaches, unvollkommenes Abbild der göttlichen Vaterliebe, die vollkommen und ungetrübt ist, frei von jeder Begrenzung, die der menschlichen Liebe seit dem Sündenfall anhaftet. Wie unendlich viel mehr muß es deshalb dem himmlischen Vater wehgetan haben, seinen geliebten Sohn unter der Bosheit einer verdorbenen, argen Menschheit leiden zu sehen! Welche Qualen muß ihm der Anblick der zu Tode betrübten, zerschmetterten Seele des im Garten Gethsemane Ringenden verursacht haben! Wahrhaftig: der Vater litt mit dem Sohn, und zwar in einer Vollkommenheit, wie wir uns das nicht vorstellen können.

Dabei hätte der Vater die Macht gehabt, dem finsteren Treiben mit einem Schlag Einhalt zu gebieten. Mit einer Eskorte von Legionen von Engeln hätte er den geliebten Sohn allem entreißen und ihn in seine Herrlichkeit aufnehmen können. Was hätte Gott daran hindern sollen? Die Antwort lautet: einzig und allein seine Liebe zu uns, sie hat ihn daran gehindert! Er ertrug diesen tiefen Schmerz um unsertwillen. Aber auch der Sohn hätte die Freiheit gehabt zu bitten: «Vater, es ist mir zu schwer! Nimm diesen Kelch von mir!» Was aber hielt ihn davon ab? – Die Liebe zu uns! Der Vater wie der Sohn wußten, daß wir so unvorstellbar tief gesunken sind, daß nur der Einsatz des Äußersten, nur das allergrößte Opfer uns zu retten und für Gott zurückzugewinnen vermochte.

Welch unendliche, unfaßbare Liebe! Sie brachte das Höchste dar, was darzubieten war: Der Vater gab seinen Sohn dahin, der

Sohn sich selbst. Das Blut Jesu Christi am Kreuz ist der klarste, eindrücklichste und eindeutigste Beweis der unwandelbaren göttlichen Liebe zu uns. Hier wird diese Liebe so konkret und anschaulich, ja beinahe mit Händen zu greifen, daß sie jeder erkennen muß, der sich nicht absichtlich blind und taub stellt. Bedenke doch auch du, der du dies liest, daß dieses Blut auch für dich vergossen wurde. Sag: kannst du da noch an der Liebe Gottes zweifeln?

3. *Das Blut zeugt nicht nur von Gottes absoluter Gerechtigkeit und Heiligkeit, sondern es bestätigt uns auch, daß wir durch dieses Opfer Gottes Kinder werden durften*

In 1. Joh. 5,7 sagt die Schrift, daß wir drei Zeugen haben für unsere Gotteskindschaft:

a) Den Geist; denn er «gibt Zeugnis unserem Geist, daß wir Gottes Kinder sind» (Röm.8,16). Jeder Wiedergeborene trägt dieses Zeugnis in seinem Innern. Wo dieses Zeugnis fehlt, da fehlt auch die Heilsgewißheit, denn hier genügen nicht menschliche Einbildungskraft oder Überredungskunst, sondern allein das Zeugnis des heiligen Geistes.

b) Das Wasser. Die Taufe ist ein Sinnbild und vor der versammelten Gemeinde zugleich Zeugnis dafür, daß unser alter Mensch in den Tod gegeben wurde, daß er mit Christus gestorben, begraben und als neue Schöpfung auferstanden ist.

c) Das Blut. Es bezeugt, daß ich rechtmäßig erlöst und Gottes Eigentum geworden bin. Wer will diesem Opfer widersprechen? Selbst die Hölle muß verstummen, denn das Blut Christi hat uns ihr entrissen, indem es für unsere Sünden bezahlt hat. Wenn dich Teufel, Welt und selbst dein eigenes Herz verdammen, Gott ist größer als dein Herz und das Blut Christi teurer als all deine Schuld. Ja, das Blut zeugt für dich! Kannst du das fassen? Der Geist mag in deinem Herzen schweigen, das Wasser mag sein Zeugnis verlieren, aber das Blut Christi schweigt nie. Gerade jetzt ruft es: «Barmherzigkeit!» Ach, wenn du das doch nur glauben könntest – die Nacht deines Zweifels würde sofort licht! Statt Traurigkeit würden Freude, Dank und Lob Gottes in deinem Herzen aufbrechen!

Der Sieg durch das Blut Christi

«Sie haben überwunden durch das Blut des Lammes und durch das Wort ihres Zeugnisses und haben ihr Leben nicht geliebt bis in den Tod» (Offb. 12,11).

Solange wir hier auf Erden leben, wird es ohne Kampf nicht abgehen. Das sagt uns die Bibel ganz deutlich (Phil. 1,30; Hebr. 12,1). Die Stunde unserer Übergabe an Gott war lediglich der Beginn des großen Glaubenskampfes, von dem die Schrift sagt, daß der wahre Christ die geistliche Waffenrüstung keinen Augenblick beiseite legen kann (Eph. 6,10–20). Da er in Feindesland wohnt, muß er um den Glauben kämpfen, den Gott ihm anvertraut hat (Jud. 3). Dieser Kampf aber wird nicht mit Fleisch und Blut geführt, sondern hier haben wir es mit dem Beherrscher der Finsternis und einem Millionenheer von bösen Geistern zu tun (Eph. 6,12).

Der Teufel, die alte Schlange oder der Drache, wie ihn die Bibel nennt, hat seine gewaltige Streitmacht wohlorganisiert. Deshalb ist dieser Kampf kein Kinderspiel, sondern fordert uns oft bis zum Äußersten. Hier geht es um Himmel und Hölle, Leben und Tod – wehe dem Christen der unterliegt! Er wird zur Beute des Feindes, ein verlorenes Kind, an dem der Feind seinen Haß austobt.

Aber – Gott sei's gedankt – kein Christ braucht zu unterliegen. Es ist uns so viel Gnade gegeben, daß wir siegreich aus diesem Kampf hervorgehen können. Der mächtige König unserer Erlösung, Jesus Christus, hat ja den Fürsten dieser Welt überwunden, die Gewalten der Hölle öffentlich zur Schau gestellt und über sie triumphiert (Kol. 2,15). Den Glaubenskämpfern hat Jesus einen Überwinderweg gebahnt, auf dem sie vollen Sieg erringen können. Kein Feind, der sich ihnen in den Weg stellt, kann sie aufhalten, wenn sie nur unentwegt auf die Stimme dessen hören, der sie erkauft hat!

Mir nach! spricht Christus, unser Held,
Mir nach, ihr Christen alle!
Verleugnet euch, verlaßt die Welt,
Folgt meinem Ruf und Schalle!
Nehmt euer Kreuz und Ungemach
Auf euch, folgt meinem Wandel nach!

Wenn du das im Gehorsam tust, dann wirst du am Ende deiner Erdentage wie Paulus triumphieren: «Ich habe den guten Kampf gekämpft, ich habe den Lauf vollendet, ich habe Glauben gehalten; nun liegt für mich die Krone der Gerechtigkeit bereit, die mir der Herr, der gerechte Richter, am Jüngsten Tage geben wird» (2. Tim. 4,7.8). Welch unaussprechliche Freude, dann siegreich gekrönt in die ewige Ruhe der Heiligen eingehen zu dürfen! Was wird das sein, einmal all die zu sehen, die mit uns den gleichen Kampf des Glaubens gekämpft haben, Apostel, Märtyrer, Propheten und die ganze unabsehbare Schar von Streitern Christi, denen das Zeugnis gilt: «Sie haben überwunden!» Wie aber konnten sie ihren Lauf vollenden? Die Schrift läßt uns darüber nicht im unklaren. Sie alle haben

1. Überwunden – durch das Blut des Lammes

Dem alt'bösen Feind darf man nicht mit eigener Kraft und Weisheit, nicht mit eigenem Wollen und Können begegnen. Unsere Möglichkeiten sind gar rasch erschöpft und reichen bei weitem nicht aus, um dem Teufel zu widerstehen. Wer den Sieg erringen will, der muß dem Feind das Blut des Lammes entgegenhalten. Das Blut Christi ist die Macht, die den Satan besiegt hat. Dank unseres Erlösers können wir völlig frei werden von aller Sünde und Finsternis, so daß der Feind keine Möglichkeit mehr hat, uns zu packen und zu überwinden.

Das Blut des Lammes ist unser Panzer der Gerechtigkeit und unser Schild des Glaubens, mit dem wir «alle feurigen Pfeile des Bösen» auslöschen können. Du, der du ein Kämpfer Gottes bist, gehe nie ohne die Waffe des Blutes Christi in den Kampf. Nur so wird der Sieg allzeit, auch in der größten Versuchung, auf deiner Seite sein!

Bald ist es überwunden
Nur durch des Lammes Blut,
Das in den schwersten Stunden
Die größten Taten tut.

2. Überwunden – durch das Wort ihres Zeugnisses

Die Überwinder Gottes hatten zu allen Zeiten nur ein Zeugnis: das Zeugnis vom Kreuz und Blut Christi. Wenn wir an die ersten Märtyrer in Kleinasien, Rom und Griechenland denken, an die Albigenser und Waldenser, an die Blutzeugen der Reformation, an die Mennoniten und Pilgerväter, an die Methodisten und die Pietisten – sie alle haben den Satan und das eigene Ich überwunden durch das Zeugnis vom Blute Christi. Ja, kein anderes Zeugnis rettet die Welt und bringt die Hölle zum Schweigen als allein die Predigt vom Kreuz. Wohl den Predigern, die das erkannt haben und von nichts anderem mehr wissen wollen als allein von Jesus, dem Gekreuzigten und Auferstandenen!

3. Überwunden – durch das Opfer ihres Lebens

«Sie haben ihr Leben nicht geliebt bis in den Tod.» Die Predigt vom Opfer Christi war noch nie populär. Das haben die Knechte Gottes zu allen Zeiten am eigenen Leibe erfahren müssen. Oft genug haben sie dabei ihr Leben für Jesus in die Waagschale geworfen und den Tod nicht gefürchtet. Wohl denen, die Christus mehr lieben als sich selbst! Selig alle Knechte Gottes, die ihr Leben mit Freuden hingegeben haben um ihres Zeugnisses willen! Oft wurde erst dadurch das Heer der Hölle überwunden, denn der Feind konnte an ihnen nichts mehr finden, womit er sie hätte aufhalten können. Zu Recht sagen wir deshalb: «Das Blut der Märtyrer ist der Same der Kirche.»

In den letzten Tagen vor der Widerkunft Christi wird wohl noch mancher Zeuge Gottes sein Leben hingeben müssen, daran läßt die Schrift keinen Zweifel. Aber gerade dadurch wird der Teufel den letzten Rest von Macht auf Erden verlieren: Er wird in den Abgrund geworfen werden. Ist aber erst einmal der Himmel und die Erde befreit von dem unheimlichen Mörder, Verführer und Ankläger, dann werden die Überwinder jubeln: «Nun gehört das Heil und die Kraft und die Herrschaft unserm Gott und die Macht seinem Christus; denn der Verkläger unserer Brüder ist gestürzt worden, der sie Tag und Nacht vor unserem Gott verklagt hat. Sie haben ihn überwunden durch das Blut des Lammes und durch das Wort ihres Zeugnisses und haben ihr Leben nicht geliebt, sondern den Tod auf sich genommen» (Offb. 12,10.11).

Den Himmel durch das Blut Christi

«Diese sind's, die ihre Kleider gewaschen und hell gemacht haben im Blut des Lammes» (Offb. 7,14).

Vor dem Thron Gottes steht eine unzählbare Schar in weißen Gewändern und mit Palmzweigen in ihren Händen. Sie singen Gott und dem Lamm ein Siegeslied. Warum stehen sie dort? Haben ihre Tugend und Ehrbarkeit, ihre Frömmigkeit oder Religiosität ihnen diesen Platz erobert? Die Antwort lautet klar und deutlich: nein! Frage die Ältesten vor dem Thron, und sie sagen dir, daß allein Christi Blut und Wunden ihnen ein Anrecht auf diesen Platz in der Gegenwart Gottes verschafft haben.

Als verdammungswürdige Sünder haben wir von Natur aus jegliches Recht auf einen Platz in der Herrlichkeit Gottes verspielt. Durch keine noch so große Selbstaufopferung und Tugend könnten wir uns jene Makellosigkeit selbst schaffen, die der heilige Gott fordert. Doch da trat Jesus Christus auf den Plan, bezahlte unsere Schuld durch sein Blut und machte uns seiner göttlichen Natur teilhaftig. Nun öffneten sich die Tore des Himmels aufs neue für den erlösten Sünder. Kein Cherub mit flammendem Schwert macht uns hinfort den Eingang ins Allerheiligste mehr streitig. Wir haben Zutritt zur Herrlichkeit dank Christi Blut. Sein Tod hat uns freigekauft. Das Wort des Propheten Jesaja hat sich erfüllt: «Zion wird durch Recht erlöst und seine Bekehrten durch Gerechtigkeit» (Jes. 1,27).

Wie unendlich schwer fällt es doch dem selbstgerechten und selbstherrlichen Menschen, diese Lektion zu lernen! Er entrüstet sich: «All mein eigenes Bemühen soll vor Gott nichts wert sein? Ich spende regelmäßig etwas für die Armen und für die Mission, bemühe mich, Gutes zu tun, bin getauft, besuche sogar regelmäßig den Gottesdienst, stehe im besten Einvernehmen mit unserem Pfarrer – und all das soll wertlos sein?» Ja, es ist wertlos, wenn du meinst, dir dadurch den Himmel «verdienen» zu können! Allein das Blut des Lammes verschafft dir Zutritt bei Gott, nicht deine eigenen Leistungen. Alles menschlich Gute, Schöne und Edle reicht hier nicht aus. Mache dir selbst nichts vor: Es ist ein ungeheures Risiko, der Ewigkeit entgegenzugehen ohne die Gewißheit: «Ich bin erlöst, versöhnt und geheiligt durch Christus und sein Blut.» Versuchst du dennoch, mit deiner eigenen unzureichenden «Gerechtigkeit» vor Gottes Angesicht zu treten, so wird es dir nicht anders ergehen als jenem Mann, von dem Jesus berichtet, er sei ohne Festgewand im Hochzeitssaal erschienen. Auch dich wird dann Jesu Frage treffen: «Freund, wie bist du hereingekommen ohne ein Hochzeitskleid?» (Matth. 22,12) Voller Schrecken wirst du dann verstummen, denn du wirst diese Frage nicht beantworten können. Jesus aber wird anordnen: «Bindet ihm Hände und Füße und werft ihn hinaus in die Finsternis, die draußen ist. Dort wird Heulen und Zähneknirschen sein» (Matt. 22,13).

Allein das Blut des Lammes macht uns fähig, in der Welt des Lichts zu wohnen. Die Erlösten stehen nur vor Gottes Thron, weil sie ihre Kleider gewaschen und hell gemacht haben im Blut des Lammes. So wenig Satan seinen Platz im Himmel behalten konnte, sondern hinausgestoßen wurde, so wenig kann ein Sünder, der nicht von aller Schuld reingewaschen ist, dort Zutritt finden. Die Sünde hat keinen Platz an dem Ort, wo es Tag und Nacht ertönt: «Heilig, heilig, heilig ist der Herr Zebaoth!» «Ohne Heiligung wird niemand den Herrn schauen» (Hebr. 12,14), das ist ein unumstößliches Gesetz des Reiches Gottes, das sich auch wiederfindet in der Seligpreisung: «Selig sind, die reinen Herzens sind, denn sie werden Gott schauen.» Erkennst du nicht, daß deine durch und durch verdorbene Natur völlig gereinigt und von Grund auf erneuert werden muß, um vor dem dreimal heiligen Gott bestehen zu können?

Die Kraft der Erneuerung aber ist das Blut Christi. Es reinigt uns von aller Sünde und macht uns der göttlichen Natur teilhaftig. Das Blut überwindet alle sündigen Lüste und Begierden und schafft in uns göttliches Leben: Das Alte wird abgetan und ein Neues entsteht. Nichts anderes meint die Schrift, wenn sie vom «Reinigen und Hellmachen unserer Kleider» spricht. In der Herrlichkeit wird sich einmal keine Spur mehr von unserem alten Wesen finden lassen. Ohne irgendeinen Makel werden wir vor Gott stehen. Weil aber allein das Blut Christi dies bewirken kann, werden die Heiligen am Tag der Vollendung einmal nicht ihr eigenes Tun preisen, sondern allein das Blut besingen und alle Ehre dem Lamm geben: «Du bist würdig, das Buch zu nehmen und seine Siegel aufzutun; denn du bist erwürgt und hast uns Gott erkauft mit deinem Blut» (Offb. 5,9). «Ihm, der uns liebt und von unsern Sünden erlöst hat mit seinem Blut und uns zu Königen und Priestern vor Gott, seinem Vater, gemacht hat, ihm sei Ehre und Gewalt von Ewigkeit zu Ewigkeit!» (Offb. 1,6).

Ja, das Blut ist der Inhalt des Siegesliedes der Heiligen! Im Blut hat Christus uns sein Leben und seine Liebe geschenkt. Allein dieser Liebesmacht haben wir es zu verdanken, daß wir einmal vor Gott treten und für immer bei ihm bleiben dürfen.

Vielleicht machst du mir jetzt den Vorwurf, den mir schon manche gemacht haben, nämlich, ich würde zuviel vom Blut Christi reden. Aber wie könnte ich anders? Mein Zeugnis kann doch nur vom Opfer Jesu handeln! Denn was ich bin und habe, Leben und Dienst, alle zeitlichen Segnungen und das Anrecht auf die ewige Herrlichkeit, all das habe ich ja nur durch das Blut Christi! Solange ich lebe, soll und wird deshalb das Blut Christi das einzige sein, wessen ich mich rühmen will:

Christi Blut und Gerechtigkeit,
Das ist mein Schmuck und Ehrenkleid,
Damit will ich vor Gott bestehn,
Wenn ich zum Himmel werd' eingehn.

Ich glaube, daß sein teures Blut
Das allerunschätzbarste Gut,
Daß es mit Gottes Schätzen füllt
Und ewiglich im Himmel gilt.

Solang ich noch hienieden bin,
So ist und bleibet das mein Sinn:
Ich will die Gnad' in Jesu Blut
Bezeugen mit getrostem Mut.

Frieden durch das Blut Christi

«... und durch ihn alles zu versöhnen mit Gott, es sei auf Erden oder im Himmel, indem er Frieden machte durch sein Blut am Kreuz» (Kol. 1,20).

Deine Seele wird nicht zur Ruhe kommen, bis der Friede Gottes in ihr Einzug hält. Frieden mit Gott, das ist es, was du am dringendsten brauchst in deinem Leben. Ohne Frieden bist du ein unglücklicher, armer Mensch, auch wenn du sämtliche nur wünschbaren Reichtümer und Freuden genießen könntest: Dein Innerstes kann sich damit nicht zufriedengeben, denn du warst dafür geschaffen, in der Gemeinschaft mit Gott zu leben. All dein heimliches Verlangen wird nur gestillt, wenn der göttliche Friede in dir Einzug hält.

1. Frieden ist ein Kennzeichen des heiligen Gottes

Das Volk Gottes ist ein Volk des Friedens. Sein Haupt nennt sich selbst «Friedefürst», denn seine Auserwählten haben durch sein Blut Frieden mit Gott erlangt. Wenn wir das Leben Jesu betrachten: welch eine natürliche Männlichkeit, stete Fassung und ein ruhiges Benehmen inmitten von Unruhe und Gehässigkeit leuchten uns doch da entgegen! Jesus war ein Meister in der Kunst des Friedens, weil er seinem Vater im Himmel unerschütterlich vertraute und sich ihm ganz überließ. Er ruhte wahrhaft in Gott, und deshalb konnten weder die Rohheit seiner Feinde, der Kampf in Gethsemane noch die blutigen Leiden auf Golgatha ihm den Frieden rauben.

Den gleichen Frieden aber finden wir auch bei den wahren Jüngern Jesu: Paulus empfand diesen Frieden inmitten des aufgebrachten, tobenden Pöbels zu Ephesus; er blieb ihm auch erhalten, als sein Schiff in schwerem Sturm zu sinken drohte.

Petrus schlief in der Nacht vor seiner geplanten Hinrichtung ruhig und tief, ungeachtet der Ketten und des Trupps von 16 Bewachern um ihn her. In der langen Geschichte der Kirche Jesu haben unzählige Märtyrer diesen Frieden erfahren. Selbst unter Folterqualen und im Angesicht des Todes war dieser tiefe Gottesfrieden mit ihnen und überstrahlte all ihren Schmerz und ihre Not.

Folgendes Beispiel, das uns überliefert worden ist, mag dies verdeutlichen: Als ein Märtyrer um Christi willen verbrannt werden sollte, sagte er zu dem Richter, der den Befehl gegeben hatte, den Scheiterhaufen anzuzünden: «Wollen Sie nicht kommen und Ihre Hand auf mein Herz legen?» Der Richter folgte der Aufforderung. «Schlägt es rasch?» fragte der Todgeweihte, «zeige ich Anzeichen von Furcht?» «Nein», mußte der Richter bestätigen. «Nun, dann legen Sie jetzt Ihre Hand auf Ihr eigenes Herz und prüfen Sie, ob Sie nicht unruhiger sind, als ich es bin!» – Ja, dieser Heilige lebte ganz aus dem Frieden Gottes, der höher ist als alle Vernunft und der Herz und Sinn bewahrt in Christus Jesus (Phil. 4,7)!

Alle wahrhaft Glaubenden haben diesen Frieden in ihrem Herzen. Das ist ihr Kennzeichen. Die Welt hingegen kennt keinen Frieden, sondern bringt ihre Tage in Unruhe zu. Sag: hast du diesen Frieden? Kennst du diese tiefe Ruhe, diesen Gottesfrieden, in dem allein wir allzeit getrost und wahrhaft glücklich sein können?

2. Der Friede ist eine Frucht des blutigen Werkes der Versöhnung

Christus hat durch sein Opfer am Kreuz der Menschheit den Frieden mit Gott wiedergebracht (Eph. 2,15). Die ganze Welt hat Frieden mit Gott durch sein Blut! Um aber diesen kostbaren Frieden zu erlangen, mußt du dieses Opfer auch annehmen, mußt du unter das Kreuz kommen.

Durch das Blut Christi ist die Feindschaft zwischen Gott und Mensch überwunden worden und damit auch die Feindschaft der Menschen untereinander. Denn die Sünde hat uns nicht nur von Gott getrennt, sondern auch tiefe Gräben zwischen den Menschen gezogen. Mehr noch: die ganze Harmonie der Schöpfung wurde durch die Sünde zerstört. In diese Not und Verlorenheit hinein aber kam Jesus, um hier für uns zu sterben. Das war die einzige Möglichkeit, um den Frieden wiederherzustellen.

Der heilige Gott kann in bezug auf die Sünde «kein Auge zudrücken». Er kann sich niemals mit unserer Bosheit abgeben, ohne dadurch seine Heiligkeit und absolute Gerechtigkeit zu verleugnen. Nicht zuletzt hätte auch der verurteilte und verstoßene Satan Gott der Ungerechtigkeit bezichtigen können, wenn dieser die abgefallenen Menschen einfach wieder angenommen hätte. Nein, damit alles rechtmäßig zugehe, mußte jemand für unsere Schuld aufkommen und uns mit Gott versöhnen! Und wie wunderbar: Gott hat einen Ausweg geschaffen, der seiner Liebe zu uns entspricht und zugleich der Gerechtigkeit volle Genüge tat! Wenn du dir dies vor Augen hälst, jubelt da nicht auch dein Herz vor Freude? Sehnst nicht auch du dich im tiefsten Innern nach diesem Frieden mit Gott?

Nun, dann komm doch gerade jetzt, so wie du bist, zu dem einzigartigen Friedefürsten und nimm die Versöhnung durch sein Blut für dich ganz persönlich in Anspruch! Wenn du das tust, hat der Krieg zwischen dir und Gott ein für allemal ein Ende. Aber auch deine Beziehungen zu den Menschen um dich her werden dadurch neu und von diesem Frieden geprägt. Denn jegliche Feindschaft und aller Krieg sind eine Geißel Satans, sind seine «Erfindungen». Satan ist der Fürst allen Hasses, aller Brutalität, aller Gottes- und Menschenfeindlichkeit.

Sage dich darum los von ihm und allen seinen finsteren Werken und suche Frieden und Zuflucht im Blut Jesu! Dann kommt dein Herz zur Ruhe, deine Schwermut schwindet und dein ganzes Wesen wird heil, bis hinein ins Körperliche: deine durch Sünde und Gewissensnot gequälten Nerven dürfen von diesem Frieden durchdrungen und wieder gesund werden. Voller Freude wirst du dann deinem Gott danken können für das neue Leben, das er dir geschenkt hat. Singen und spielen wirst du ihm, und dein Herz wird überfließen in Lob und Anbetung Gottes.

Dabei ist der Friede Gottes ungleich mehr als nur ein Gefühl, obwohl natürlich auch das Gefühl etwas schmecken wird von diesem seligen Frieden. Der Friede Gottes aber reicht tiefer als alle Stimmungen unserer Seele. Er hat seinen unerschütterlichen, unveränderlichen Grund nicht in uns: Jesus ist unser Friede! Selbst wenn du zunächst noch nichts fühlen kannst, darfst du es trotzdem ganz sicher wissen: Sobald du dein Leben Jesus ausgeliefert hast, bist du mit Gott versöhnt und sein Friede ruht auf dir. Welch eine Gnade! Was für ein kostbares Geschenk!

Leben durch das Blut Christi

«Wer mein Blut trinkt, der hat das ewige Leben ..., mein Blut ist der wahrhaftige Trank ..., wer mein Blut trinkt, der bleibt in mir und ich in ihm» (Joh. 6,54–56).

Es existiert heute noch die Sage vom sogenannten «heiligen Gral». Es soll sich dabei um eine große Schale gehandelt haben, geschliffen aus einem einzigen großen Smaragd, den die Königin von Saba Salomo geschenkt hatte. Dieser Kelch soll als Erbstück über Generationen an Nikodemus gelangt sein, der ihn an Joseph von Arimathia weitergegeben hat. Unser Herr schließlich soll diesen Gral als Kelch beim Abendmahl gebraucht haben. Joseph hat dann – so die Legende – das heilige Blut, das aus den Wunden Jesu am Kreuz floß, mit diesem Gefäß aufgefangen. Dieses Blut sei für jeden, der es getrunken habe, zu einem Universalmittel zum Leben geworden. Alle Not und alle Gebrechen seien geschwunden, von allem Übel sei man dadurch frei geworden.

Natürlich ist das nur eine fromme Sage. Es hat diesen «heiligen Gral» bestimmt nie gegeben, genausowenig, wie das Blut Jesu je ein «magisches» Heilmittel war. Dennoch verbirgt sich eine tiefe Wahrheit dahinter, die für alle Zeit bestehen bleibt: Wer das Blut Jesu trinkt, der trinkt das ewige Leben. Aus dieser Tatsache mag sich die Legende vom «heiligen Gral» möglicherweise gebildet haben, denn das ist gewiß:

1. *Um ewiges Leben zu erlangen, müssen wir das Blut Christi trinken*

Christus nennt sein Blut «den wahrhaftigen Trank», und er verspricht jedem ewiges Leben, der dieses Blut trinkt. Schon zu Jesu Zeit haben, genau wie heute, die Menschen nicht verstanden, was Jesus damit gemeint hat. Die Juden haben sich an dieser starken Sprache des Herrn gestoßen. Sie nannten seine Worte «eine harte Rede». Viele seiner Jünger ärgerten sich, als Jesus dies sagte, und verließen ihn. Doch Jesus bleibt bei seinem Wort: «Wer mein Blut trinkt, der hat das ewige Leben.» Und er erläutert: «Der Geist ist's, der lebendig macht; das Fleisch taugt dazu nicht. Die Worte, die ich zu euch geredet habe, die sind Geist und Leben» (Joh. 6,63).

Bleiben wir deshalb dabei: Nur wer das Blut Christi trinkt, hat das ewige Leben. Seien wir nicht so unklug wie einige der Jünger damals, die diese Worte «hart», abstoßend, unbegreiflich nannten. Seien wir vielmehr Gottes gehorsame, einfältige Kinder, die tun, was der Herr ihnen sagt: Gehen wir doch hin zur Lebensquelle und trinken!

2. Was heißt «das Blut Christi trinken»?

Das Blut Christi trinken, heißt nichts anderes, als das Leben Jesu in sich aufnehmen. Genau das meint Paulus, wenn er erklärt: «Ich möchte ihn erkennen und die Kraft seiner Auferstehung» (Phil. 3,10). Christus erkennen, das bedeutet tiefste Wesensgemeinschaft mit ihm erlangen. Es ist die innerste Vereinigung einer Seele mit Christus. Durch das Trinken des Blutes, also das Aufnehmen des Lebens Jesu, durch das Erkennen seines heiligen, göttlichen, von Liebe zu uns durchdrungenen Wesens werden auch wir dieser göttlichen Natur teilhaftig: «Alles, was zum Leben und zur Frömmigkeit dient, hat uns seine göttliche Kraft geschenkt durch die Erkenntnis dessen, der uns berufen hat durch seine Macht und Herrlichkeit. Durch sie sind uns die kostbarsten und allergrößten Verheißungen geschenkt, damit wir dadurch an der göttlichen Natur Anteil bekommen» (2.Petr. 1,3.4). Wie man Wasser trinkt und dadurch seinen körperlichen Durst stillt, so kann man im Geiste auch das Blut Christi trinken und damit seinen Seelendurst stillen.

Das habe ich selbst erlebt, als ich vor zwanzig Jahren todkrank darniederlag. Eine Schwester sah meine Not und sagte: «Wenn Ihnen geholfen werden soll, dann muß Gott ein Wunder tun. Trinken Sie das Blut Christi, das allein kann Sie heilen.» «Bitte», entgegnete ich, «erklären Sie mir doch, wie ich das machen soll! Wie kann ich das Blut Christi trinken?» «Das ist für Glaubenskinder eine sehr einfache Sache», meinte sie. «Beugen Sie sich vor dem Herrn und sagen Sie ihm: ‹Herr, genauso wie ich die Luft einatme und frisches Wasser trinke, genauso nehme ich jetzt im Glauben deine heiligen Blutskräfte auf. Ich bitte dich um die Gabe deiner Lebenskraft zur Heilung meines Leibes und meiner Seele.›»

Das war ihr ganzer Unterricht. Ich tat, was sie mir sagte – und wunderbar, ich lernte das Blut Christi trinken und fand Heilung. Deshalb, lieber Leser, wende doch auch du dich an Jesus und bitte ihn um die Mitteilung seiner göttlichen Erneuerungskraft durch sein heiliges Blut. Mache es so, wie mir jene Schwester in Christus riet, kindlich und schlicht, und auch du wirst Leben empfangen!

3. Zeugnisse, die diese Erfahrung bestätigen

Alle wahren Gotteskinder bezeugen, daß sie durch das Trinken des Blutes Christi, durch das Aufnehmen seiner Person in ihr Innerstes, neues Leben empfingen. Als die Kirchenväter den Glauben gegen das Heidentum um sie her verteidigten, da bezeugten sie immer wieder die Tatsache, daß durch das Blut Christi Sünder Leben und Heilungskraft empfangen können. Irenäus beispielsweise sagt, daß der Sünder bekehrt werde und durch Christi Blut Leben empfange, «damit er hinfort sündlos lebe». Und Zinzendorf bezeugt: «Einem Menschen unterm Gesetz ist es geboten, heilig zu sein, und darüber quält er sich zu Tode; einem Menschen unter der Gnade aber ist es gegeben, heilig zu sein, und darüber freut er sich ohne Ende.» Von Zinzendorf stammen auch folgende Liedverse:

Wir und des Heilands Blutsgemein'
Wollen des ewiglich Zeugen sein,
Daß im Blute Jesu allein zu finden
Leben und Freiheit von allen Sünden.

Zu Dorothea Trudel von Männedorf kam einmal ein Pfarrer und bestaunte die vielen Wunder der Heilung, die dort geschahen: Sünder wurden gerettet und ihre Gebrechen geheilt. Da fragte er erstaunt: «Was ist das für eine Kraft, die solche Wunder wirken kann?» Dorothea Trudel antwortete: «Das geschieht durch das Opfer und Blut Christi.» Da meinte der Pfarrer nur: «Ich glaube aber nicht an das Blut Christi.» – «Was?» wunderte sich da Trudel, «ein Pfarrer, der nicht an das Blut Christi glaubt? Es ist noch viel zu wenig, wenn ich sage, daß ich an das Blut Christi glaube. Das Blut Christi ist das Element, aus dem ich lebe!» – Diese gesegnete, von Gott gebrauchte Frau hatte begriffen, auf was es ankommt: auf die innigste Lebensgemeinschaft und innere Verbundenheit mit Christus, auf die Kraft seines Opfers am Kreuz und seiner Auferstehung!

Vor einigen Jahren hielt ich in einer Stadt in Palästina Versammlungen ab. Ich sprach, wie so oft, über das heilige Blut. Da stand in einer der letzten Versammlungen ein 96jähriger Mann auf und sagte: «Liebe Gemeinde, was Evangelist Vetter gesprochen hat, ist alles Wahrheit. Als ich jung war, habe auch ich im Glauben das Blut Christi in Anspruch genommen, aber durch Sünde bin ich um dieses Lebenselement gekommen und habe mir alles verscherzt.» Er weinte und schluchzte und schloß dann mit den Worten: «Heute kehre ich zu dem Glück meiner Jugend zurück und lebe aufs neue vom Blut Christi, von seiner Vergebung und seiner Kraft.» Der liebe Alte durfte neu zurechtfinden und nach acht Tagen fröhlich heimgehen zu seinem Herrn.

Schutz unter dem Blut Christi

«Wenn ich das Blut sehe, will ich an euch vorübergehen, und die Plage soll euch nicht widerfahren, die das Verderben bringt» (2.Mose 12,13).

Wir brauchen nicht nur Vergebung der Sünden, Frieden der Seele und Heiligung unseres Wesens, sondern auch Schutz vor allen Feinden. Wo aber finden wir Schutz und Bewahrung? Gibt es einen Bergungsort, in dem Ruhe vor den Feinden herrscht? Ja, Gott hat uns in Christus eine Festung geschenkt, in die kein Feind eindringen kann!

1. Vor wem muß der Gläubige geschützt und bewahrt werden?

Aus allen Häusern in Ägypten drang die Totenklage: Die Stunde der Vergeltung war gekommen. Die Ägypter hatten lange genug Gottes Volk geplagt, gemartert und getötet. Nun sandte Gott einen Würgeengel, der alle Erstgeburt der Ägypter tötete. Bei den Israeliten aber erhob sich keine Totenklage. Das Volk wohnte in Frieden und Sicherheit. Der Würgeengel konnte ihnen kein Leid antun. In keine der israelitischen Hütten drang er ein und gegen niemanden aus dem Volk erhob er sein tödliches Schwert. Wie kam das? – Gottes Volk stand unter dem Schutz des Blutes. Das war das Geheimnis.

Dieses Geschehen in Ägypten soll uns als Vorbild dienen. Wir Gläubige des Neuen Bundes haben ebenfalls Todfeinde, vor denen wir Schutz suchen müssen. Unser gefährlichster Gegner ist der Teufel, der alt'böse Feind, der wie ein brüllender Löwe umhergeht und nach solchen sucht, die er verschlingen kann (1.Petr. 5,8). Zusammen mit den Mächten der Bosheit in den himmlischen Sphären bekämpft er alle Gläubigen mit unersättlichem Haß und unbändiger Wut (Eph. 6,12). Luther hat richtig von ihm gesagt:

Groß Macht und viel List
Sein grausam Rüstung ist.
Auf Erd' ist nicht seinsgleichen.

Zu dieser ständigen Bedrohung von außen kommen die Versuchungen aus unserem eigenen Fleisch und von der Welt. Gegen solch eine Zahl mächtiger Feinde müssen wir einen kräftigen Schutz und eine starke Deckung haben, wenn wir nicht erliegen sollen. Für den Gläubigen aber gibt es nur einen wirksamen Schutz, genau wie für das Volk Israel damals in Ägypten: das Blut Christi!

Drum soll auch Jesu Blut allein
Mein Trost und meine Hoffnung sein;
Im Leben und in Todesnot
Bau ich allein auf Jesu Tod.
Und wenn mich böse Lust anficht,
Gott sei gedankt, so muß ich nicht;
Ich sprech' zur Lust, zum Stolz, zum Geiz:
Dafür hing unser Herr am Kreuz.

2. Wie kann man unter diesem Blut Schutz finden?

Auf diese Frage gibt es keine treffendere Antwort, als sie uns im Beispiel der Israeliten in Ägypten gegeben ist. Alles, was sie zu tun hatten, war, die Türpfosten mit dem Blut des Passahlammes zu besprengen. Dieses Blut an den Türen war ihr ganzer Schutz. Es war dabei nicht nötig, daß sie irgendwelche besonderen Gefühle entwickelten, das heißt den Schutz dieses Blutes direkt fühlten: Er war ganz einfach da, das war das Entscheidende! Der Würgeengel sah das Blut und ging vorbei.

Und genauso darfst auch du es machen. Stelle dich täglich, ja stündlich, und besonders in Zeiten der Versuchung mit deiner ganzen Person unter das Blut der Besprengung! Knie nieder und bitte den himmlischen Hohepriester jetzt um die Besprengung mit seinem Blut! Jesus gibt den Bittenden gern: Er wird dich mit seiner Gegenwart erfüllen und dich durchdringen. Wahrscheinlich wirst du dabei kaum irgend etwas fühlen, aber du wirst erleben, daß du vor Sünde bewahrt bleibst und vor dem alt'bösen Feind geschützt bist. Darauf allein aber kommt es an, und das soll auch dir genügen.

Die tiefsten Segnungen des Evangeliums sind unsichtbar. Sie liegen außerhalb unseres Wahrnehmungsvermögens, denn sie gehen tiefer als alle Regungen und Empfindungen unserer Seele. Es geht darum, an das Blut Christi zu *glauben* nach dem Wort der Schrift, und nicht darum, irgend etwas Besonderes zu *fühlen* oder zu erleben. Ein Stein, der im klaren Wasser eines Baches liegt, bleibt bewahrt vor dem Staub und Schmutz der Landstraße. Genauso ergeht es dir, wenn du unter dem Schutz des Blutes Jesu lebst. Ob du es nun «fühlst» oder nicht: Du wirst vor dem Schmutz und der Sünde dieser Welt bewahrt werden. Ich selbst habe das schon ungezählte Male in meinem Leben erfahren dürfen, und dies nicht nur im Blick auf die Sünde, sondern auch im Blick auf Krankheit. Und so gewiß wie ich diese Erfahrungen gemacht habe, darfst auch du am Sieg über alles Widergöttliche teilhaben!

3. Reicht das Blut aus zu unserem Schutz?

Jawohl, es reicht vollkommen! Was mußte Israel tun, um vor dem Gericht Gottes bewahrt zu werden? Es mußte lediglich Gottes Anweisungen Gehorsam leisten und die Türpfosten mit dem Blut des Passahlammes bestreichen. Das Passahlamm aber ist nichts anderes als ein Bild für Christus. Deshalb konnte Johannes der Täufer von Jesus sagen: «Siehe, das Lamm Gottes, das der Welt Sünde trägt!»

Gott will bei uns nichts anderes sehen als das im Glaubensgehorsam angenommene Opfer Christi: Wenn sein Blut uns bedeckt, dann bleiben wir bewahrt, sowohl vor dem Urteilspruch des gerechten Richters als auch vor dem Wüten des Teufels, denn durch den völligen Gehorsam Christi bis zum Tod am Kreuz und seine absolute Sündlosigkeit wurden sämtliche Anrechte der Finsternis abgetan. Gott nimmt nichts anderes an als allein das Opfer seines Sohnes. Wir können, ja wir dürfen dem nichts hinzufügen: Es ist eine unerhörte Überheblichkeit zu meinen, wir könnten durch eigenes Tun vor Gott bestehen. Gott sagte nicht: «Wenn ich das Blut sehe und das ungesäuerte

Brot und die bittern Kräuter und und und ...» Nein, es kam allein auf das Blut an. Das Blut reicht vollkommen aus!

Lieber Leser, wie oft hast du dich selbst zu wehren versucht und dich mit Fasten, Kasteien und Bußübungen abgemüht, wenn Versuchung, Satan und Sünde dich umschlich! Doch diese Dinge, die richtig angewandt sicher hilfreich sind, konnten dich letztlich nicht schützen: Du bist doch zu Fall gekommen. Ach, wie oft habe ich dies selbst erlebt! Was haben mir all meine eigenen Bemühungen, all mein Fasten eingebracht? Nichts als einen geschwächten kranken Leib! Auch dir wird es nicht anders ergehen. Was am Schluß bleibt, ist nichts als Elend und Resignation.

Nein, eigenes Kämpfen und Bemühen kann uns niemals vor der Macht der Hölle und der Sünde schützen, dazu ist uns die Bosheit zu sehr in Fleisch und Blut übergegangen. Nichts Gutes wohnt in unserem Fleisch, das mußte sogar ein Paulus erleben. Verlaß dich deshalb nicht mehr auf dich selbst! Erwarte alles von Christus! Sein Opfer rettet auch dich und bewahrt auch deine Seele zum ewigen Leben. Sein Blut reicht aus. Laß deine Bitterkeit, all dein Selbermachenwollen und deine schlechten Erfahrungen mit dir selbst endgültig hinter dir – verlaß dich einzig und allein auf Christus und die Kraft seines Blutes!

4. Welchen Segen bringt der Schutz des Blutes?

Unter dem Blut Christi werden wir auf unvergleichliche Weise bewahrt. Keine der Plagen der Hölle kann uns etwas anhaben. Wir sind unantastbar für den Feind. Genau das meint das Wort in 1. Joh. 5,18, wo ganz klar gesagt wird: «Wir wissen, daß der nicht sündigt, der aus Gott geboren ist, sondern der aus Gott geboren ist, den bewahrt Gott, und der Böse wird ihn nicht antasten.» Ist das nicht eine gewaltige, herrliche Zusage? Wenn du anfängst, dich auf diese Verheißung zu verlassen, wirst auch du staunend und dankbar erkennen:

Satan flieht, wenn er mich beim Kreuze sieht,
Da muß Angst und Trauern schwinden,
Dann kann weit ich überwinden.
Und ich sing ein Jubellied.

Unter dem Schutz des Blutes erfährt der Gläubige vollen Sieg gegen all seine Feinde, gegen Teufel, Welt und Hölle. Lerne es deshalb, ständig unter der Besprengung des Blutes zu stehen. Das Blut ist mächtig, dich zu bewahren. Glaubst du das? Nun, dann gib deinem erhöhten Herrn die Ehre, denn er allein hat die Macht, dich zu bewahren und dich unsträflich, ohne Flecken und Makel, vor das Angesicht seiner Herrlichkeit zu stellen. Darauf allein sollst und darfst du dich verlassen!

Das Trinken des Blutes Christi

«Der Segenskelch, über dem wir den Segen sprechen, ist der nicht die Gemeinschaft mit dem Blut Christi?» (1. Kor. 10,16)

Am Tisch des Herrn feiern wir die Geheimnisse unseres Glaubens. Durch den gesegneten Kelch des Abendmahles haben wir Gemeinschaft mit dem Blut Christi, und durch das Brot, das wir brechen, haben wir Gemeinschaft mit seinem Leib! Ist das nicht wunderbar? Mit welcher Andacht und Demut sollten wir uns da dem Heiligtum nahen! «Ziehe deine Schuhe aus; denn der Ort, darauf du stehst, ist heiliges Land!» (2.Mose 3,5) Die Throngeister verhüllen sich vor dem, «der da ist und der da war und der da sein wird» – wieviel mehr sollten wir da unsere Blöße decken und verhüllt und gebeugt dem Heiligtum Gottes Ehrfurcht erweisen! Betrachten wir doch dieses Geheimnis noch etwas näher:

1. Worin besteht der Segen dieses Kelches?

Durch das Feiern des Abendmahles gelangen wir in die Gemeinschaft des Blutes Christi. Im Himmel, wo Gott, der Richter über alle, und Jesus, der Mittler des Neuen Bundes, thronen, da ist auch das Blut der Besprengung zu finden (Hebr. 12,23.24). Durch das Trinken aus dem gesegneten Kelch werden wir mit diesem Blut zusammengebracht. Der Heilige Geist tränkt die durstige Seele mit diesem himmlischen Lebenswasser. Wir erfahren die Kraft des Blutes Christi an Leib, Seele und Geist.

Jedesmal wenn wir Abendmahl feiern, wird die Tatsache, daß Christus mit uns Gemeinschaft hat, bestätigt und erneuert. Hier erfüllt sich das Wort, das die Juden damals hart und unannehmbar fanden: «Wahrlich, wahrlich, ich sage euch: Wenn ihr das Fleisch des Menschensohns nicht eßt und sein Blut nicht trinkt, so habt ihr kein Leben in euch. Wer mein Fleisch ißt und mein Blut trinkt, der hat das ewige Leben, und ich werde ihn am Jüngsten Tage auferwecken. Denn mein Fleisch ist die wahre Speise, und mein Blut ist der wahre Trank. Wer mein Fleisch ißt und mein Blut trinkt, der bleibt in mir und ich in ihm» (Joh. 6,53–56).

Durch den Kelch des Segens wird uns ein Dreifaches zuteil: Zum einen haben wir durch das Trinken des Blutes Christi *ewiges Leben.* Dieses ewige Leben ist ein neues, himmlisches Herrlichkeitsleben. Es ist Leben aus Gott selbst. Wir erhalten dadurch Anteil an der göttlichen Natur! (2.Petr. 1,4)

Ferner wird uns *Auferstehungskraft* zuteil, damit wir am Tage Christi verwandelt oder auferweckt werden können. Wie der Leib Christi von den Toten auferstand und verwandelt wurde, so sollen auch wir auferstehen und verwandelt werden. Der vollmächtige Gottesmann Ötinger sagte einmal, daß am Tage der Entrückung und Auferstehung viele Kinder Gottes bereuen werden, daß sie so wenig an den Tisch des Herrn gekommen sind. Ja, wenn wir diese Kraft seiner Auferstehung nicht hätten, wie hoffnungslos sähe dann unsere Zukunft aus!

Aber noch ein Drittes bewirkt dieser Kelch: Das *Bleiben in ihm* und *sein Wohnen in uns* wird am Tisch des Herrn immer neu offenbart und bestätigt. Der Herr führt uns in seine Gegenwart und zeigt uns seine Barmherzigkeit und seine Liebe zu uns. Wir erkennen seine alles überstrahlende Gnade und Schönheit, so daß wir mit Salomo sagen können: «Wir wollen uns freuen und fröhlich sein über dich. Denn deine Liebe ist besser als Wein» (Hohel. 1,4).

Der geistgesalbte Andrew Murray erkannte: «Der tiefste Segen des Trinkens vom Blute des Menschensohnes besteht darin, daß man mit ihm eins wird.» Wie Vater und Sohn durch das unsichtbare göttliche Wesen eins sind, so kann auch der Mensch eins werden mit Jesus. Wer diesen Segen in seiner ganzen Fülle empfangen will, der muß danach trachten, all das zu verstehen und in sich aufzunehmen, was in der geheimnisvollen, heiligen Umschreibung vom «Trinken des Blutes Christi» verborgen liegt: eine Herrlichkeit, die all unser Denken und Verstehen übersteigt!

Du bist das ew'ge Liebesmeer:
Ich will in dir versinken,
Daß ich vom eignen Wesen leer,
Mög' ew'ges Leben trinken;
Daß nichts von mir mehr leb' in mir,
Nein, alles du und ich in dir!
Mein Jesus ist mein alles!

2. Wie empfangen wir den Segen dieses Kelches?

Diesen Segen nehmen wir durch das Trinken des Blutes Christi in uns auf. Wir dürfen nie vergessen, daß Christus lehrte, sein Blut sei «der rechte Trank» für uns. Unter dem Trinken aber ist das innige, gläubige, geistliche Erfassen dessen zu verstehen, was Christus für uns tat und für uns ist. Unser Inneres muß beim Trinken des Kelches von göttlicher Freude erfüllt werden, denn hier erfassen wir im Glauben das Blut Christi und erfahren seine Kraft in der Erlösung und Heiligung.

Dieses geistliche Geheimnis kann man mit Worten schlecht erklären, es will erlebt sein. Durch die vollkommenste Vereinigung mit Jesus teilt uns der Heilige Geist die Kraft des Blutes mit. Die Wirkungen sind wunderbar. Das Ichleben wird zerstört, Krankheitskräfte werden gebannt und neue Lebenskräfte in unser Sein hineingesenkt. Wie mancher ist am Tisch des Herrn schon innerlich und äußerlich gesund geworden! Auch ich selbst habe diese göttliche Kraft oft erfahren dürfen.

Freilich, ohne Glauben bekommt man nichts, ja man ißt und trinkt sich zum Gericht. Komm deshalb im Glauben zum Tisch des Herrn, und Christus wird dich durch seinen Geist mit seinem Blut tränken. Dann wird deine Seele frohlocken! Tiefgebeugt ob solch wunderbarer Gnade wirst du beten: «Herr, dein Blut ist mein Lebenstrank. Du stärkst und erquickst mich an der Quelle deiner Gnade. Ewig Dank sei dir dafür!»

Die Aneignung des Blutes Christi

«Wer durstig ist, der komme; und wer will, der nehme das Wasser des Lebens umsonst» (Offb. 22,17).

Jesus Christus: Ihn «hat Gott für den Glauben als Sühne hingestellt in seinem Blut zum Erweis seiner Gerechtigkeit, indem er die Sünden vergibt, die früher, in der Zeit seiner Geduld, begangen wurden, um nun in dieser Zeit seine Gerechtigkeit zu erweisen, daß er selbst gerecht ist und den gerecht macht, der aus dem Glauben an Jesus lebt» (Röm. 3,25.26).

Das Lebenswasser des Blutes Christi ist so frei erhältlich wie die Luft, wie die Sonnenstrahlen, die uns umgeben. Deshalb darfst du kommen und umsonst, ohne Gegenleistung, nehmen! Nimm das Blut Christi im Glauben an, und du bist gerechtfertigt, geheiligt und erlöst. Christus selbst hat dich geliebt und reingewaschen von der Sünde durch sein Blut. Er ist der Ursprung und die Vollendung, der Erste und der Letzte deiner Erlösung und Erneuerung. Was er in dir angefangen hat, das wird er ganz bestimmt auch zu Ende führen. Sei unverzagt und fürchte dich nicht! Bist du arm und elend, sind dir deine Sünden von Herzen leid und willst du wirklich gesund werden, dann komm und nimm das Blut Christi an – umsonst! Die Bedingungen für die Vergebung und Erlösung sind nicht schwer. Der heilige Geist wird dich befähigen, alles zu tun, was Gott von dir fordert. Was aber fordert Gott?

1. Gott fordert von denen, die der Erlösung durch das Blut Christi teilhaftig werden wollen, vor allem eines: Buße

Zur Buße gehören das Eingestehen und Verurteilen der eigenen Sünde und Sündhaftigkeit, ja die tiefe Beschämung über unser ganzes verdorbenes Sein. Erkenne, was dir die Sünde eingebracht hat, erkenne, daß du dir viel Schuld aufgeladen und dir und anderen damit unendlich geschadet hast! Bleibe dabei aber nicht stehen. Wenn du all deine Verfehlungen bereust und deine ganze Not vor Gott bringst, dann darfst du wissen: Dem demütigen und zerschlagenen Herzen schenkt er Gnade! Kehre um aus der Verlorenheit dieser Welt, laß alles hinter dir, was Gott nicht gefällt, und lege dich im Schatten des Kreuzes zu Jesu Füßen. Bekenne ihm all deine Schuld und dein Leid, flehe ihn herzlich an um Reinigung durch sein Blut – und er wird dir seine Vergebung schenken!

2. Aus dem Vorhof der Buße darfst du eintreten ins Heiligtum des Glaubens, denn Gott fordert Glauben an das Blut Christi

Gott hat versprochen: «Die Elenden sollen essen, daß sie satt werden; und die nach dem Herrn fragen, werden ihn preisen; euer Herz soll ewiglich leben» (Ps. 22,27). Der Glaube nimmt Gott beim Wort und vertraut vorbehaltlos darauf, daß das Blut Jesu ihn reinwäscht von allen seinen Sünden (Offb. 7,14). Wer aber seine Kleider gereinigt hat, der ist gerechtfertigt und darf sich Gott nahen. Er ist zum Kind Gottes geworden und berufen, die ewige Herrlichkeit zu erben. Welch ein Geschenk! Alle Finsternis muß schwinden, unsere Nacht wird plötzlich Licht. Durch das Blut Christi sind wir der Gewalt Satans entkommen und dürfen von jetzt an Gott gehören und ihm dienen.

3. Aus dem Heiligtum gelangst du ins Allerheiligste: Die Gnade der Rechtfertigung führt zu einer neuen Schöpfung, zur Wiedergeburt

Wenn du Buße getan und das Opfer Jesu für dich in Anspruch genommen hast, lernst du erkennen, was der Herr meint, wenn er sagt: «Wer mein Blut trinkt, der hat ewiges Leben» (Joh. 6,54). Dann wird die Glaubensgerechtigkeit zur Lebensgerechtigkeit, das auserwählte wird zum neugeborenen Kind. Durch den Glauben werden wir Jesu Natur teilhaftig, gelangen wir in engste Lebensgemeinschaft mit ihm. Wir werden erfüllt mit seiner überfließenden Liebe. Unser ganzer Mensch, Leib, Seele und Geist, ist nun zum Allerheiligsten geworden, zum Tempel Gottes, in dem der heilige Gott selbst wohnt. Unser altes, sündiges Wesen haben wir mit diesem Schritt in den Tod, ans Kreuz gegeben, und es muß auch da bleiben, damit der Geist Gottes seine Herrschaft ausüben, uns verändern und heilen kann.

Wir wandeln nun nicht mehr im Fleisch, sondern im Geist (Römer 8). Unser altes Leben ist mit Christus in den Tod getauft (Röm. 6,3–10), und Paulus sagt: «Ihr sollt überzeugt sein, daß ihr der Sünde gestorben seid und für Gott lebt in Christus» (Röm. 6,11). Das Sich-mit-Christus-für-gekreuzigt-Halten darf zu einer Realität in unserem Leben werden. Durch das Blut Christi bekommen wir schon jetzt Anteil am göttlichen Leben, das nun für alle Zeit unser Erbe wird (Gal. 4,5–7; Joh. 3,36; 1. Joh. 5,11).

4. Der so durch Christi Blut zurechtgebrachte Mensch ist nun ein Kind des Vaters, aber noch keineswegs ein ausgewachsener Mann in Christus. Dies wird er erst durch ein dauerndes, williges Bleiben in Jesus und durch eine immer tiefere Reinigung und Umgestaltung, die der Herr an ihm vornimmt

Zu diesem Wachstum gehören Treue und Gehorsam. Deshalb heiligt der Geist Gottes zum Gehorsam und zur Blutbesprengung. In diesem Leben der willigen, völligen Hingabe wird die Heiligung unseres Innersten sichtbar in einer Verwandlung und Erneuerung unseres äußeren Lebens und Wandels (Gal. 5,22–25; Kol. 3,1–3.5). Natürlich gilt es auf diesem Weg der Heiligung immer neu, Hindernisse zu überwinden und den Kampf gegen alles aufzunehmen, was uns von Gott abbringen will.

Hier setzt der Glaubenskampf ein gegen die niemals ruhenden Versuchungen aus unserem eigenen Fleisch und Blut, gegen die lockenden Stimmen dieser Welt und gegen den Fürsten der Finsternis selbst. Er will die verlorene Beute um jeden Preis zurückgewinnen. Doch das soll ihm nicht gelingen, denn der Kampf in der Kraft des Blutes ist kein ohnmächtiger Streit wie der unter dem Gesetz (Röm. 7,7–24), sondern ein erfolgreicher Feldzug, bei dem der Sieger von vornherein feststeht: Jesus Christus. Der unter dem Blut Jesu stehende Kämpfer hat diesen mächtigen Überwinder allezeit auf seiner Seite! (Joh. 16,33; 1. Joh. 4,4)

5. Durch dieses wachsame Stehen unter dem Blut Jesu und durch das tägliche Sterbenlassen des eigenen Wesens, damit die Auferstehungskraft Jesu mehr Raum einnehmen kann, wächst in uns mit der Heiligung auch eine verborgene, geistleibliche Herrlichkeit heran

Der gerettete Mensch wird nach und nach in den paradiesischen Urzustand zurückversetzt, in dem er sich vor dem Abfall von Gott befunden hatte. Dieser Prozeß währt unser ganzes Leben lang, bis wir verklärt werden in den himmlischen Vollendungszustand (1. Kor. 15,35–37).

Ganz den Engeln gleich (Matth. 22,30), werden wir dann Könige und Priester sein vor Gott und in seiner Gegenwart, im himmlischen Jerusalem, wohnen allezeit. Dann werden die Lobes- und Dankeslieder, die das Blut des geschlachteten Lammes preisen, kein Ende mehr nehmen. Bis in alle Ewigkeiten hinein werden wir das Erlösungswerk des Gottessohnes preisen und ihn anbeten, denn ganz allein sein Blut und Opfer hat uns in diese unvorstellbare Herrlichkeit hineinversetzt!

In der gleichen Reihe ist erschienen:

Andrew Murray

Demut – Kleinod der Heiligen

Gestern gesagt – heute gefragt Nr. 1, 80 Seiten, Taschenbuch

«Demut» – denken wir da nicht unwillkürlich an jene demütigende Zerknirschung angesichts aufgedeckter Sünden? Haben wir die Demut nicht immer wieder in Verdacht, sie wolle uns zu unterwürfigen Ja-sagern machen, die sich alles gefallen lassen?

Andrew Murray versucht hier, dem Wesen wahrer Demut auf die Spur zu kommen. Was meinte Jesus eigentlich, als er sagte: «Lernt von mir, denn ich bin demütig»? Was war das Geheimnis seiner tiefen Demut, die ihn befähigte, in der Hingabe für andere die Erfüllung seines Lebens zu finden?

Der Verfasser versteht es, uns zu zeigen, daß echte Demut eigentlich nichts anderes will, als in jene unvorstellbar erfüllende Beziehung zurückzuführen, die wir als Geschöpfe zu unserem Gott haben dürfen. Denn womit fing das ganze Elend der Menschheit an? – Mit dem teuflischen Gift des Hochmuts, mit dem Ehrgeiz, Gott aus seiner Position zu verdrängen, ihm gleich zu sein …

Brunnen Verlag · Basel und Gießen

Zum Lesen und Weitergeben:

Heinrich Spörri

Muß Krankheit sein?

Brunnen-Brief 13, 32 Seiten, geheftet

Was der Schweizer Evangelist Heinrich Spörri vor beinahe hundert Jahren zum Phänomen Krankheit schrieb, ist geradezu verblüffend aktuell. So klar er auf die biblische Möglichkeit von Krankenheilung durch den Glauben hinweist, so klar warnt er andererseits vor einer schwärmerischen «Heilung-um-jeden-Preis»-Euphorie, die dem Kranken einzureden versucht, er müsse nur fest genug glauben, um geheilt zu werden. Eine kurze, biblisch nüchterne Handreichung zu einem Thema, das heute in der Gemeinde zunehmend Verwirrung stiftet.

Weitere Titel in der Reihe «Brunnen-Briefe»:

A. B. Simpson	Jesus selbst	Nr. 1
Georg Müller	Die vier wichtigsten Fragen	Nr. 2
J. Hudson Taylor	Das verwandelte Leben	Nr. 3
Otto Stockmayer	Das Gebetsleben der Kinder Gottes	Nr. 4
Isobel Kuhn	Ja zu Gottes Weg	Nr. 5
Willi Wunderli	Kleine Seelsorgehilfe	Nr. 6
Fritz Binde	Vom Anarchisten zum Christen	Nr. 7
Stephen Menzies	Der größte Narr	Nr. 8
C. S. Lewis	Wenn nur «X» sich ändern würde!	Nr. 9
J. Hudson Taylor	Bleibe in Jesus!	Nr. 10
Otto Stockmayer	Der Blick auf Jesus	Nr. 11
Stephen Menzies	Die Geschichte eines Gemäldes	Nr. 12

Brunnen Verlag · Basel und Gießen

Ein Buch, das aufhorchen läßt:

Marguerite Warburton

Lieber alles verlieren...

112 Seiten, ABCteam-Paperback Nr. 178

Noch genießen wir hier im Westen beinahe unbegrenzte Freiheiten. Doch wie lange noch?
Dieses Buch zeigt uns anhand von 26 Momentaufnahmen aus dem Leben von Christen hinter dem Eisernen Vorhang, daß die Wirklichkeit schon wenige 100 Kilometer von uns entfernt ganz anders aussieht. Sozusagen vor unserer Haustüre müssen Menschen mit den größten Schwierigkeiten oder gar mit Verfolgung rechnen, wenn sie ihrem Gott dienen und von ihm weitersagen wollen.
Die romanhaft spannenden Berichte dieses Buches sind von Männern und Frauen, die «drüben» waren, gesammelt und zu uns in den Westen gebracht worden. Sie geben uns Einblick in die schweren Nöte und Leiden, denen heute in kommunistischen Staaten viele Gläubige ausgesetzt sind. Gleichzeitig zeugen sie aber auch von deren unbeugsamem Willen, lieber alles zu verlieren, als dem Herrn untreu zu werden.
Für unser oft recht bequemes Christsein stellt das strahlende geistliche Leben dieser Menschen eine echte Herausforderung dar! Unwillkürlich sind wir vor die Frage gestellt: Was würden wir tun, wenn..!?